KÜCHENGEHEIMNISSE DES MITTELALTERS

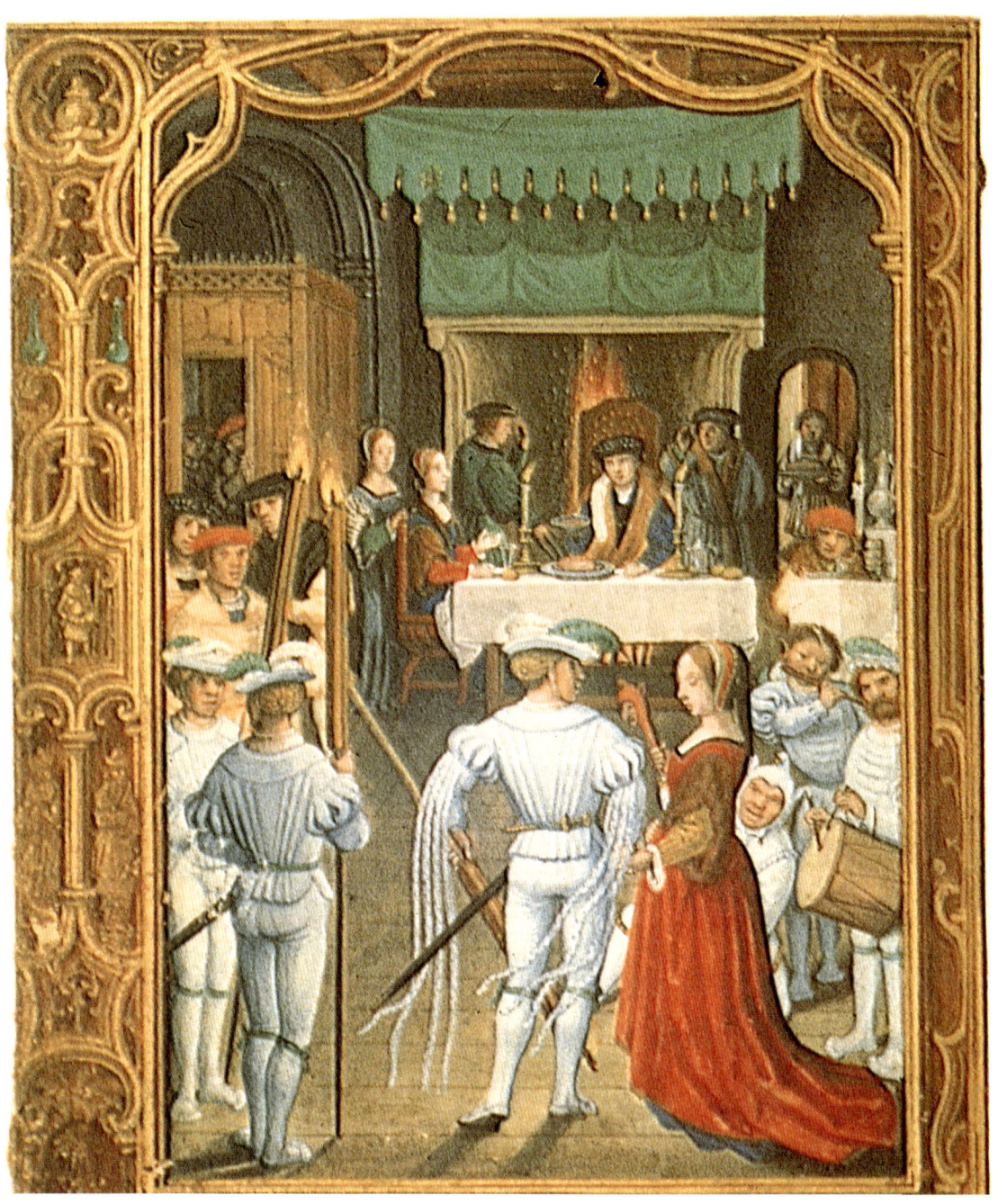

KÜCHEN-GEHEIMNISSE DES MITTELALTERS

Maggie Black

Aus dem Englischen
von Peter Knecht

FLECHSIG

UMSCHLAG
Mit Wasser verdünnter Wein wird von einem Pagen eingeschenkt.
Ein zweiter hält ein Tablett mit Trinkgefäßen.
FRONTISPIZ
Fackeltanz vor dem Hausherrn an der herrschaftlichen Tafel.

Die Deutsche Bibliothek – CIP-Einheitsaufnahme
Küchengeheimnisse des Mittelalters: kulinarische Entdeckungen und
Rezepte/Maggie Black. [Übers. von Peter Knecht].
– Sonderausg. – Würzburg : Flechsig, 1998
Einheitssacht.: The medieval cookbook <dt.>
ISBN 3-88189-240-0

Sonderausgabe für Flechsig - Buchvertrieb
© für die deutsche Ausgabe 1998
Stürtz Verlag GmbH, Würzburg, Germany
© der Orginalausgabe 1992
Maggie Black
First published in the United Kingdom by British Museum Press,
London WC1B 3 QQ
Übersetzung: Dr. Peter Knecht
Umschlaggestaltung: Michaela Beck

Printed in Singapore
ISBN 3-88189-240-0

INHALT

Danksagung 6

Einleitung 8

1 · Nach der Invasion 20

2 · Chaucers Pilgergesellschaft 34

3 · Hinter Klostermauern 51

4 · Der Bürger von Paris 68

5 · Tafelfreuden und Tischmanieren 84

6 · Am Hof von Richard II. 98

7 · Staatsbankett und Weihnachtsschmaus 111

8 · Kräutermedizin und Hausmittel 125

Literatur 139

Bildnachweise 140

Stichwortverzeichnis zu den alten Rezepten 141

Stichwortverzeichnis 142

DANKSAGUNG

Den Plan zu diesem Buch verdanke ich der Freundlichkeit von Michelle Berriedale-Johnson. Ihr muß ich zuerst danken, weil sie an mich gedacht hat, als sie erkannte, daß sie das Buch wegen zahlreicher anderer Verpflichtungen nicht selbst schreiben konnte. Das Vertrauen, das sie mir dadurch bewiesen hat, war mir eine großartige Ermutigung, und ich hoffe nur, daß das Ergebnis nicht allzu weit hinter dem zurückbleibt, was sie sich erträumt hatte. Das Schreiben hat mir auch nicht zuletzt deswegen viel Spaß gemacht, weil ich in der Umgebung eines Museums arbeiten konnte, unter Menschen, deren Art zu denken ich sehr schätze.

Zu besonders großem Dank bin ich Michelle Brown von der Handschriftenabteilung der British Library verpflichtet, weil sie es mir ermöglicht hat, an einem Einführungskurs über mittelalterliche Handschriften teilzunehmen, ebenso Christine Hall für ihre unermüdliche Hilfe bei den Recherchen nach geeigneten Illustrationen in den Sammlungen der Bibliothek. Mein Freund Dr. Charles Adams war so freundlich, mich bei meiner Suche nach Pflanzenbildern in der botanischen Fachbibliothek des Natural History Museum zu unterstützen; auch den dort Beschäftigten habe ich zu danken. Mr. John Goldfinch von der British Library und Miss Maureen Pemberton von der Bodleian Library, Oxford, haben mir Filme von Handschriften besorgt und mir beim Sichten des Materials geholfen.

Was die Kochrezepte angeht, so bin ich wieder einmal der gelehrten Köchin Constance Hieatt zu großem Dank verpflichtet sowohl für ihre Transskripte, die ich benutzt habe, als auch für ihre klugen Beiträge zu den Problemen der Interpretation mittelalterlicher Rezepte; viele Zweifel konnten mit Hilfe ihrer Bücher behoben werden. Moira Buxton, eine meiner Kolleginnen, hat mich dazu ermutigt, einige Texte, die ich bereits gut zu kennen glaubte, mit neuem Blick noch einmal zu lesen.

Danksagung

Wenn mehrere Menschen sich mit demselben schmalen Korpus von Texten befassen, ist es fast unvermeidlich, daß sie hin und wieder zu fast identischen Resultaten gelangen, oft unter Berufung auf ein und dasselbe Rezept. Es ist ernüchternd, wenn man feststellt, daß die eine oder andere scheinbar ureigene Mischung von Zutaten oder ein bestimmter Kniff, den man selbst erfunden hat, schon längst von jemand anderem propagiert wurde. In so einem Fall bleibt einem nichts anderes übrig, als sich in Demut zu verneigen, seinem Vorgänger oder seiner Vorgängerin zu erklären, daß ihre oder seine Idee offenbar einfach nicht mehr zu verbessern sei, und darum zu bitten, sie in der eigenen Rezeptvariante verwenden zu dürfen. Wenn eines meiner Rezepte ohne mein Wissen eine solche Kopie eines fremden sein sollte, bitte ich den Autor oder die Autorin um Verzeihung.

Sehr herzlich danke ich Penelope Ody, Expertin für Kräutermedizin und Herausgeberin der Zeitschrift *Herbs*, daß sie mich so großzügig von ihrem reichen Wissen profitieren ließ. Meine langjährige Freundin Lesley Weissenborn hat mir erlaubt, einige Rezepte zu benützen, die ihr geistiges Eigentum sind. Ich danke auch dem Herausgeber von Mrs Groundes-Peace's *Old Cookery Notebook* und der International Wine and Food Society für die Erlaubnis, urheberrechtlich geschütztes Material in meinem Buch zu verwenden, ebenso dem Herausgeber des *Leechbook* (erschienen bei Macmillan Press Ltd) Warren Davis und dem Council of the Early English Text Society, der mir gestattet hat, Material aus *Two Fifteenth-Century Cookery Books*, *Curye on Inglysch* und *The Babees Book* abzudrucken.

Zuletzt möchte ich den freundlichen Menschen danken, die Beiträge zum materiellen Entstehen dieses Buchs geleistet haben: meinem heldenmütigen Freund Ewart Wells, der viele Rezepte praktisch getestet hat, Ronald Redfern, der den Index erstellt hat, der stets geduldigen Judy Stafford, die das Manuskript getippt und nur ein- oder zweimal sanft bemerkt hat, daß sie ein mittelenglisches Wort (oder meine Handschrift) nicht lesen könne, vor allem aber meiner Lektorin Rachel Rogers, die mit einer neuen, unbekannten Autorin zurechtkommen mußte und ihre Aufgabe mit Eleganz, Klugheit, gesundem Menschenverstand und Charme gemeistert hat.

EINLEITUNG

Das Mittelalter auf den britischen Inseln reicht, so die allgemeine Übereinkunft, vom Fall des Römischen Reichs im Westen im 5. Jahrhundert bis zum Jahr 1485 oder bis zur Loslösung der englischen Kirche von Rom in den Jahren nach 1530 durch Heinrich VIII. Da die Eßgewohnheiten eng mit den religiösen Praktiken verflochten waren, setzt dieses Buch die Epochengrenze bei dem späteren Datum. Die Unterschiede zwischen arm und reich in jener Zeit waren beträchtlich. Während – von Perioden extremer Hungersnot abgesehen – in den Haushalten der Oberschicht reichlich frische und importierte Lebensmittel zur Verfügung standen und in der Fastenzeit Fleisch und andere verbotene Speisen durch frische Produkte attraktiv ersetzt werden konnten, war der Rest der Bevölkerung im Winter und in den verschiedenen Fastenperioden weitgehend auf gesalzene oder gepökelte Nahrungsmittel, hauptsächlich Fleisch und Fisch, angewiesen. Ansonsten gab es nur das, was in der unmittelbaren Umgebung produziert wurde, und das war gegen Ende des Winters oder in Notzeiten bisweilen extrem wenig.

An Quellen, die über Essen im Mittelalter Auskunft geben, herrscht kein Mangel, allerdings sind sie relativ späten Datums: Die großen Rezeptsammlungen auf englisch setzen erst gegen Ende des 14. Jahrhunderts ein. Die (modernen Erfordernissen angepaßten) Rezepte in diesem Buch basieren auf diesen Handschriften (s. S. 141). Bei der Darstellung des allgemeineren Hintergrunds gehe ich in der Regel von Texten mittelalterlicher Autoren aus, die nicht vom kulinarischen Fach waren, sehr wohl aber Witz und einen scharfen Blick für menschliche Schwächen und Unvollkommenheiten besaßen. Drei, vielleicht vier, von ihnen waren höhere Hofbeamte, und unter diesen findet sich auch Geoffrey Chaucer (1340?–1400), der als Meister der Ironie und als brillanter Sprachkünstler alle seine englischen Zeitgenossen überragt. Einer oder zwei hatten eine akademische Ausbildung genossen, waren also Kleriker oder Juri-

Einleitung

sten. Die Muttersprache dieser Männer war Englisch oder Französisch, außerdem sprachen sie alle fließend Latein. Die Rezepte des letzten Kapitels stammen aus einer Sammlung, die ein unbekannter Kompilator mit offenbar mangelhaften Lateinkenntnissen aus einer Vielzahl von Quellen zusammengetragen hat. Auffallend sind hier die teils aufmunternden (»Es wirkt tatsächlich, ich habe es ausprobiert«), teils eher düsteren Schlußformeln (»Gib acht, daß der Kranke nicht merkt, was er da zu sich nimmt«).

Die Verfasser der verschiedenen Texte repräsentieren wohl in etwa einen Querschnitt der europäischen Intelligenz des 14. und 15. Jahrhunderts. Wenn auch die Beiträge der drei identifizierbaren Autoren, nämlich Chaucer, der sogenannte »Ménagier« oder »Bürger von Paris« (ein begüterter Franzose, der um 1393 schrieb) und John Russell, Hofmarschall des Herzogs Humphrey von Gloucester bis 1447, mehr wegen ihrer objektiven Beschreibungen sozialer Verhältnisse ausgewählt wurden, sind sie doch zugleich auch als Lebenszeugnisse toleranter und menschenfreundlicher Individuen von Bedeutung.

Die Personen, die sie porträtieren, sind freilich weit weniger real. Wir können drei Typen unterscheiden. Es gibt erstens die scheinbar aus dem Leben gegriffenen, rein fiktionalen Figuren, zumeist Schöpfungen Chaucers. Sie sind ganz entschieden von größerem Format als wirkliche Menschen. Das gilt in besonderem Maß für das Weib von Bath – und ebendeswegen gilt ihre Erzählung weithin als die beste. Zweitens gibt es die eher platten Stereotypen in den Fabeln und populären Erzählstoffen, die von Chaucers Kollegen ausgesponnen wurden und die sich auch beim Bürger von Paris wiederfinden, Geschichten, die jedem literarisch halbwegs interessierten Erwachsenen vertraut waren: Die langmütige Griselda ist eine typische Vertreterin jener Heldinnen, deren Mißgeschicke sich gut zur unaufdringlichen Unterhaltung eigneten, während man seinen Wein trank. Und drittens gibt es eine Gruppe von wohl durchaus realen, allerdings nur undeutlich erkennbaren Figuren, zumeist Jugendlichen: die noch sehr junge Frau des Ménagier, die Knaben, die John Russell erzog, und (im 6. Kapitel) der wenig gebildete, verzogene, eitle Richard II. (1367–1399), der schlaueren Köpfen zum Opfer fiel.

Gemeinsam war allen diesen Gestalten, gleichgültig ob real oder erfunden, der Glaube an Gott. Seine Existenz stand außer Frage – auch wenn die Menschen über die weltlichen Machenschaften der Kirche murrten oder sie gar offen verfluchten.

Die Gebote der Kirche waren einigermaßen beschwerlich, selbst in den bereits stark gemilderten Formen des 15. Jahrhunderts. Bis ins 13. Jahrhundert hinein war »Fleisch von vierfüßigen Tieren« gesunden Erwachsenen an drei Tagen der Woche sowie während verschiedener anderer ein- oder mehrtägiger Fastenperioden verboten gewesen. Indes wurden diese Vorschriften im Lauf

Küchengeheimnisse des Mittelalters

Einleitung

der Zeit immer weniger beachtet und nach und nach gelockert. Im fünfzehnten Jahrhundert galt bei den Laien und in vielen Klöstern nur mehr der Freitag als obligatorischer »Fisch-« oder Fasttag, wenn auch die Frommen und – zumindest bei öffentlichen Anlässen – die Würdenträger der Kirche weiterhin zusätzlich am Mittwoch und am Samstag Abstinenz übten. Die Fastenzeiten des kirchlichen Jahreskreises, Bittage und Advent etwa, wurden strenger beachtet. Die besonders rigiden Vorschriften der sechswöchigen vorösterlichen Fastenzeit – während dieser Periode waren neben Fleisch auch Eier und Milchprodukte verboten – wurden streng eingehalten, oder zumindest tat man so.

Trotz alledem konnte etwa der Abt eines begüterten Klosters, ein hoher Herr, dessen Lebensstil weitgehend dem anderer großer Grundherren und Höflinge glich und der häufig Gäste hatte, durchaus das Wildpret annehmen, das ihm ein Adeliger, wie es üblich war, für seine Tafel schenkte.

Der Klerus, der neben Gemeindepfarrern und umherziehenden Bettelmönchen auch all die in Klöstern lebenden Brüder und Nonnen umfaßte, machte einen ansehnlichen Teil der Bevölkerung aus. Noch nach der katastrophalen Pestepidemie um die Mitte des 14. Jahrhunderts blieb der Anteil derer, die im Zölibat lebten und besondere Speisevorschriften beachteten, hoch. Aber in den folgenden hundert Jahren nahm die Zahl der Kleriker ab, und ihre moralische Stärke schwand zusehends. Viele Mönche und auch immer mehr Nonnen verfielen eitlen Moden oder schamloser Völlerei, die gelehrteren unter ihnen brachten ihre Stunden damit zu, spitzfindige Argumentationen zu entwickeln, mit deren Hilfe die noch verbliebenen Fastenvorschriften zu umgehen waren. Das Hauptärgernis für Laien wie Kleriker gleichermaßen war der oft beklagte »Fischtag«, an dem es nur Salzhering zu essen gab.

Manche der Kreationen, die Köche ersannen, um die Gaumen reicher Schlemmer zu kitzeln, muten ebenso extravagant wie komisch an, zum Beispiel die »falschen« harten Eier für die Fastenzeit: Sie bestanden aus gefärbter Mandelmasse, die in ausgeblasene Eierschalen gefüllt wurde. Aber das trickreiche Treiben derer, welche in ihrer Gier nach Fleisch die Fastengebote spitzfindig zu umgehen suchten, hatte bisweilen auch sehr ernste Folgen. So wurden bis zum Beginn der Neuzeit die Trappe (ein großer Laufvogel) und der Biber in England vollständig ausgerottet – letzterer, so argumentierte man, könne als Fisch gelten, da er den Schwanz als Flosse benutze.

Natürlich gab es unter Klerikern wie Laien auch viele ehrenwerte, tolerante und aufrichtige Menschen. So engagierte der Ménagier etwa eine gewisse »Dame Agnes«, die der frommen Gemeinschaft der Beginen angehörte, als Haushälterin und Gesellschafterin für seine junge Frau. Er zeichnet sie als eine einfühlsame und angenehme Person, die ihren jungen Schützling behutsam in die neue Lebenswelt der Ehe einführt. Es war nicht ungewöhnlich, daß

1. Beim Essen im Kloster wird aus einem frommen Text vorgelesen. Die Nonnen unterhalten sich per Zeichensprache.

Witwen oder andere alleinstehende Frauen mit Lebenserfahrung sich, indem sie junge Mädchen unter ihre Fittiche nahmen, auf so gottgefällige Weise nützlich machten.

Das *Babees Book*, das auch John Russells *Boke of Nurture* enthält, befaßt sich seinem Namen zum Trotz keineswegs intensiv mit dem Thema Säuglinge. Auf den Einleitungsteil folgen an die fünfzig kurze Texte, dazwischen sind fünf längere Lehrgedichte verschiedenen Datums gestreut, die – ein durchaus modern anmutendes Detail – gesundheitsbewußte Schüler und junge Erwachsene ansprechen. Das Gedicht von John Russell ist das bei weitem umfangreichste dieser Sammlung. Er selbst erklärt, er habe nun, da er alt und gebrechlich sei, die Summe eines Lebens im Dienst seines Herrn niederschreiben wollen, damit jüngere Leute lernten, sein Amt zur allgemeinen Zufriedenheit auszufüllen.

So sagt er in den ersten Versen des Gedichts, wo er davon berichtet, wie er einen jungen Mann in seine Schule nimmt. Man hat freilich den Eindruck, daß die Ziele dieses lehrhaften Texts und der meisten anderen im *Babees Book* weiter gesteckt sind: Junge Adelige, die zur Erziehung an den Hof eines großen Herrn geschickt wurden, sollen daraus die Manieren lernen, die sie brauchen, um vom Status des Pagen zu dem des Knappen und weiter zur Ritterschaft aufzusteigen.

Russells Verse führen vor, wie diese Knaben sich mit verschiedenen Tätigkeiten vertraut machen, die im Zusammenhang mit einem offiziellen Essen am Hof anfallen. Sie schneiden grobes Brot in Scheiben (diese dienen anstelle von Tellern als Unterlage), decken den Tisch, lernen, wie man mit Wein umgeht, reichen den Gästen Waschwasser und Handtuch, reinigen und polieren die verschiedenen Gerätschaften. Es gab auch eine Art Ernährungskunde, und man lernte die komplizierte Etikette des Vorlegens von Speisen, des Umgangs mit Suppen und Soßen. Eine besondere Bedeutung kam neben alledem der Erziehung zur Hygiene zu.

Das alles war keineswegs bloße Schulweisheit. Gleichgültig welche Rolle sie einmal bei Hof oder anderswo spielen würden, so war doch die Kunst, den Haushalt eines großen Herrn zu führen, die diese Knaben hier erlernten, in jedem Fall nützlich. Einige der jungen Burschen aus niedrigerem Adel konnten vielleicht einen Beruf im Dienst eines Herrn daraus machen, andere kehrten nach Haus zurück und dienten an der elterlichen Tafel, bis sie eines Tages selbst Grundherrn wurden. Sie mußten lernen, ihre Dienerschaft anzuleiten, sie mußten die Etikette kennen und wissen, wie man seinen Gästen höfisch korrekt Speisen und Getränke serierte. Der eine oder andere brachte es vielleicht soweit, daß er bei einem Fest des Königs oder Bischofs in der repräsentativen Funktion eines Hofmarschalls oder Mundschenks auftreten durfte und dafür fürstlich belohnt wurde.

Einleitung

2. Ein Edelknabe trägt unter Musikbegleitung aufeinandergestapelte Schüsseln herein.

Ritter, Knappen und Pagen, die am Hof des Königs oder eines anderen hohen Herrn dienten, lebten normalerweise im Haushalt ihrer Herrschaft. Ein solcher junger Mann ging am Morgen nach dem Waschen und Anziehen zuerst in die Kapelle und hörte die Messe oder wenigstens einen Teil davon. Anschließend trank er einen Becher Bier, aß ein paar Stück Brot oder geröstetes Brot und begann dann mit seiner Arbeit.

Wenn sein Herr auf die Jagd gehen wollte, wurden Wagen mit Tischen und Sitzkissen und Essen in den Wald vorausgeschickt, wo dann alles für ein Mahl im Freien vorbereitet werden mußte. Wenn zu Haus diniert wurde, stellte man Tische aus Böcken und Platten auf, darauf kamen Tischtücher. Auf einer Anrichte stellte man Wein, Becher und Näpfe bereit, das Brett zum Brotschneiden und die verschiedenen anderen Gerätschaften, die man zum Servieren brauchte. Das metallene Prunkgeschirr, das vor allem zum Einsatz kam, wenn Gäste erwartet wurden, fand seinen Platz auf einem besonderen repräsentativen Regal. Art und Menge der Speisen hingen hauptsächlich davon ab, ob es ein gewöhnlicher »Fleisch-« oder »Fischtag« oder aber ein Festtag war.

Vor dem Mahl wuschen sich alle die Hände, bevor sie Platz nahmen und das Tischgebet gesprochen wurde. Die rangniedrigsten Pagen schnitten altbackenes Brot auf. Jeder Gast bekam eine Scheibe, die wie ein Teller als Unterlage benutzt wurde. Die Servierknappen verteilten Schüsselchen – je eines für zwei oder vier Personen – für flüssige oder breiige Speisen und Platten mit gebratenem Fleisch oder Pastetenstücken. Dem Hausherrn, der den Vorsitz innehatte, stellte man einen Stapel mit ganz besonders exakt geschnittenen Brotscheiben hin, und dieser eröffnete dann das Mahl, indem er sich aus seinem prächtig gestalteten Salzfäßchen eine zeremonielle Prise Salz nahm.

Das Menü an einem gewöhnlichen Werktag war selbst an einem großen Hof in aller Regel nicht gar zu aufwendig. Der Herr selbst kam vielleicht in den Genuß von sechs Gerichten beim ersten Gang, seine vornehmsten Vasallen hatten die Wahl zwischen vier, aber der Rest der Gesellschaft mußte sich je nach Rang mit drei oder gar zwei Gerichten begnügen. Es wurde Bier oder mit Wasser verdünnter Wein gereicht, nur den Edelsten servierte man Wein und Wasser in getrennten Gefäßen. Nur an den oberen Tischen wurde, nachdem man ein frisches Tischtuch aufgelegt hatte, ein zweiter Gang serviert. Die jungen Leute auf den schlechteren Plätzen bekamen allenfalls ein Stück Käse und einen Apfel, damit sie beschäftigt waren, während die besseren Herrschaften, ihre feinen Hüte auf dem Kopf, die leichteren Gerichte und Backwerk mit süßem Wein genossen und hinterher gezuckerten Anis.

Das Abendessen hatte in aller Regel keinen formellen Charakter und war genaugenommen lediglich eine Brotzeit. Es ging dabei bestimmt lockerer zu als am Mittag. Der Hausherr und die Seinen zogen sich früh zu Unterhaltungen im engeren Kreis zurück, etwa um dem Vortrag eines fahrenden Sängers oder Geschichtenerzählers zu lauschen, während der Rest der Hofgesellschaft eigenen Abendvergnügungen nachging und vielleicht irgendeinem Gaukler oder Taschenspieler zusah. Wenn die Geschichten des Sängers besonders gut waren, mochte es hin und wieder auch vorkommen, daß man spätabends noch einmal einen Imbiß zu sich nahm, was höheren Orts nicht gern gesehen wurde, aber den vom vielen Wein strapazierten Mägen der jungen Leute guttat.

Die Vorbereitungen für ein Festmahl begannen früh. Am Mittag blitzte und blinkte das Prunkgeschirr in den Regalen, auf dem Herrentisch war das beste Damasttischtuch ausgebreitet, die dazu passenden Servietten für die Pagen la-

Einleitung

3. Picknick an einem Bach im Wald. Man brachte alles mit, was zu einem Mahl gehörte, einschließlich Geschirr und Tischtücher. Der Wein ist im Bach kühlgestellt.

gen schön zusammengefaltet bereit. Kannen und Becher und Vorlegebestecke waren auf Hochglanz poliert, ebenso das beste herrschaftliche Salzfäßchen. Die Wand hinter dem Sitz des Herrn war mit prächtig besticktem Stoff verhängt. Musik rief die Gäste zum Mahl, auf die üblichen Präliminarien folgte die Zeremonie des Vorkostens: Mit rituellem Gepränge berührte oder kostete ein Diener jede Speise und jedes Getränk, das der Herr zu sich nahm, um zu erproben, ob es vergiftet war. Es handelte sich um einen weitgehend zeremoniellen Akt ohne große praktische Bedeutung – immerhin gewannen dadurch die Pagen Zeit, Höflinge und auswärtige Gäste in einer passenden Sitzordnung an den Tischen zu arrangieren.

Wenn sich der gesamte Hof des Königs zu einem großen Festmahl versammelte, mußten alle möglichen Lokalitäten als Speisesäle genutzt werden, auch Scheunen und andere Wirtschaftsgebäude, und die Schwierigkeiten der Sitzordnung waren kaum mehr zu lösen, obwohl sich die Masse der Gäste auf etliche verschiedene Festtafeln verteilte. Aber selbst bei dem vergleichsweise bescheidenen Fest eines Adeligen oder Abts in der Provinz konnten leicht über hundert Tischgäste zusammenkommen, die alle, je nach Rang, angemessen verköstigt werden mußten. Und an einem »Fleischtag« mußte man zusätzlich zum Fleisch immer auch noch Fischgerichte bereithalten, um besonders fromme Kleriker oder Laien, denen ein Bußfasten auferlegt war, zufriedenzustellen. Es war vielleicht ganz gut, daß nur am Herrentisch ein ganzes Dutzend oder mehr Gerichte serviert wurden – und zwar wahrscheinlich nacheinander –, denn wenn man dasselbe auch den weniger Vornehmen hätte bieten wollen, so wäre das organisatorisch gar nicht mehr zu schaffen gewesen.

Eine praktische Einrichtung bei solchen Mählern waren die »Almosenkörbe«, die auf den Tischen standen und in die man alle Überbleibsel und auch das Essen derer, die fasteten, warf. Nach dem Mahl wurden diese Körbe zu den Armen und zu den Bettlern vor dem Tor hinausgetragen. Es war nicht erlaubt, an den Portionen jener Tischgäste zu sparen, die nichts verzehrten, weil sie fasteten.

Wenn auch die Speisen gewiß aufwendiger und reichhaltiger als gewöhnlich waren, so bildeten doch nicht sie die eigentliche Sensation des Festmahls. Am Ende jedes Gangs wurde ein prächtig gestaltetes Schaustück durch den Saal zum Herrentisch getragen, etwa eine Skulptur aus Zucker oder das aus Teig gestaltete Modell eines Bauwerks. Manchmal gab es auch für die Gäste auf den schlechteren Plätzen noch besondere Gunsterweise und Aufmerksamkeiten. Ein solches Prunkstück konnte riesige Dimensionen annehmen, etwa in Gestalt einer mehrstöckigen Konstruktion mit Wachs- oder Gipsfiguren in allegorischen oder sonst leicht wiedererkennbaren Szenen.

Das Wichtigste und Eigentliche bei jedem Festmahls war der Aspekt der Un-

Einleitung

4. Reigentanz.

terhaltung, der Augenschmaus. Im Rahmen eines großen Diners am königlichen Hof konnte zum Beispiel ein großer Herr zwischen zwei Gängen im Namen des Königs prächtige Geschenke überreichen. Häufig wurde die Pause, in der man frische Tischtücher auflegte, mit Hilfe einer theatralischen Einlage überbrückt. Es kam auch vor, daß man nach dem Essen eine bewegliche Bühne hereinrollte oder Kulissen im Saal aufstellte und ein Theaterstück oder ein pantomimisches Maskenspiel aufführte. Es gab fahrende Schauspieler, aber die meisten großen Herrn beschäftigten auch schon eigene Unterhaltungskünstler, Musiker, Gaukler und Komödianten, die gelegentlich, um etwas Abwechslung zu schaffen, zwischen den Höfen getauscht wurden.

Bei Festen kleineren Formats kam es auch vor, daß die Gäste selbst etwas zur Unterhaltung beisteuerten, daß etwa jemand ein Lied vortrug oder für die

Gesellschaft auf der Laute spielte. Manchmal wurde auch getanzt – Richard II. nutzte gerne diese Gelegenheit, seine kostbar bestickten Kleider vorzuführen. Sogar geistliche Herren in den Klöstern vertrieben sich, wie berichtet wird, die Zeit nach dem Mahl mit Gesang und Lautenspiel und tanzten mit Nonnen, die zu Besuch waren.

Ein beliebtes Mittel, die Stimmung neu anzuheizen, wenn Reigentanz und Rundgesang die Gesellschaft zu ermüden drohten, war das der Überraschung: Ohne Vorankündigung betraten plötzlich fremdartig Maskierte in phantastischen Kostümen den Saal. Sie mischten sich unter die Tanzenden oder führten schweigend irgendeine Szene oder einen Tanz auf und verschwanden wieder, während die Gesellschaft eifrig Vermutungen darüber anstellte, wer diese seltsamen Wesen sein mochten und was ihr Spiel zu bedeuten hatte. Das eine war nicht schwer zu erraten – hinter den Masken verbargen sich in aller Regel Höflinge des Gastgebers –, aber das Geheimnis um die Rollen, die sie verkörperten, und die Kostüme wurde doch wahrscheinlich bis zum Auftritt wohl gehütet.

Derartige dramatische Kostümspektakel gehörten als zweite Attraktion neben der eher statischen Zurschaustellung von Prunkspeisen unbedingt zu einem wirklich erstklassigen Festmahl dazu. Solche Feierlichkeiten im Wechsel mit den verschiedenen längeren oder kürzeren Fastenzeiten strukturierten den Jahreskreis der Menschen im Mittelalter, brachten Abwechslung und Höhepunkte in ihr Leben, das gewöhnlich von eintönigen Mühen und Mangel geprägt war, und schenkten ihnen dauernde Erinnerungen und Bilder von Pracht und Herrlichkeit.

Die meisten Menschen im Mittelalter tranken reichlich, um sich bei Laune zu halten. Üblicherweise gab es zu jeder Mahlzeit Bier, je nach Geldbeutel trüb oder klar; je länger gelagert, desto klarer und desto teurer war es. Für manche Sorten wurde nach deutschem Vorbild Hopfen verwendet, andere waren mit Honig gesüßt oder mit Gewürzen veredelt, was wiederum etwas mehr kostete. Wein wurde importiert, je jünger, desto besser. Normalerweise trank man ihn mit Wasser verdünnt – nur besonders geehrten Gästen stellte man beim Mahl Wasser und Wein in getrennten Gefäßen hin, so daß sie nach eigenem Belieben mischen konnten.

Bei Festen, gleichgültig ob es eine bescheidene Feier auf dem Dorf war oder ein großes Staatsbankett, bei dem die niedrigeren Chargen ohnehin kaum eine andere Beschäftigung hatten, während die allerhöchsten Herren beim Dessert an ihren Süßigkeiten knabberten, war es üblich, unmäßig zu trinken. Daß in den zwölf »Rauhnächten« nach Weihnachten viel gezecht wurde, ist nicht überraschend, wohl aber, daß es auch in der Fastenzeit besonders feuchtfröhlich zuging. Letzteres hat seinen Grund vermutlich in der ebenso strengen wie salzigen Fischdiät der Menschen während dieser sechs Wochen.

Einleitung

So verschieden die Anlässe auch waren, die Folgen waren immer dieselben: Am Morgen danach ließ man den Arzt oder Apotheker oder auch die »weise Frau« des Dorfs kommen, um sich ein Mittel gegen Kopfweh, Magenverstimmung, Magenkrämpfe und gegen Blähungen verordnen zu lassen. Der oder die Heilkundige empfahl bei der Gelegenheit vielleicht auch gleich noch ein Pulver, mit dem man sich die Zähne reinigen konnte, oder Rosenöl, das die Nerven beruhigte, und später, wenn der Kater abgeklungen war, fügte er oder sie alledem vielleicht jenen klugen Rat hinzu, der zum Nutzen aller auf S. 138 abgedruckt ist.

DAMASZENER ROSE

I

NACH DER INVASION

Schon bevor Herzog Wilhelm 1066 mit seinen Truppen nach England übersetzte, hatte es dort eine ganze Anzahl Normannen mit Macht und Einfluß gegeben. Der letzte sächsische König von Bedeutung, Edward der Bekenner (1042–1066), war am normannischen Hof erzogen worden und hatte, als er heimkehrte, um seine Herrschaft anzutreten, vom Festland Freunde, Ratgeber und Geistliche mitgebracht. Normannische Feudalherren hatten Landbesitz auf der Insel, Kaufleute ankerten mit ihren Schiffen auf der Themse in London, die normannischen Kleriker am Hof hatten großen Einfluß auf den König. Der sächsische Adel sah dies alles mit tiefem Groll.

Nach dem Tod Edwards kam es zu einem Machtkampf zwischen dem sächsischen Adeligen Harald, der seine Nachfolge antrat, und Wilhelm von der Normandie, der behauptete, der Thron sei ihm selbst versprochen worden. Wilhelm setzte mit einem Invasionsheer über und traf – nach einem ersten Mahl auf englischem Boden (das auf den berühmten Tapisserien von Bayeux festgehalten ist) – bei Hastings auf seinen sächsischen Rivalen. Dieser fiel in der Schlacht, und Wilhelm bestieg den Thron.

Der neue Herrscher besetzte die höchsten Positionen im Reich mit normannischen Adeligen, ließ aber die sozialen Strukturen im übrigen unverändert und zog nur die Zügel etwas straffer an. Die Ernährungsgewohnheiten der verschiedenen Schichten der einheimischen Bevölkerung waren in etwa die gleichen wie die der Normannen, allerdings mit dem Unterschied, daß die englischen Gerichte immer etwas einfacher und gröber waren. Die neuen Machthaber importierten Gewürze, fremdländische Kräuter und andere pflanzliche Nahrungsmittel, aber auch Tiere (zum Beispiel Kaninchen) für ihren Bedarf, und die oberen Schichten der sächsischen Bevölkerung übernahmen bald einiges von ihren Eßgewohnheiten wie auch Elemente ihrer Sprache. Der Prozeß dauerte lange, aber in den siebziger Jahren des 14. Jahrhundert – fast dreihundert Jahre nach

Nach der Invasion

5. Zubereitung eines Schmorgerichts. Steaks werden auf dem Rost gebraten.

dem Domesday Book, dem großen Reichsgrundbuch, das Wilhelm 1086 erstellen ließ – war dann schließlich eine vom Französischen beeinflußte voll ausgebildete englische Sprache entstanden, die sowohl in literarischen wie auch in eher praktischen Zwecken dienenden schriftlichen Zeugnissen Verwendung fand, unter anderem in Aufzeichnungen, die Kochrezepte überliefern.

Die in diesem Kapitel enthaltenen Rezepte stammen aus den ältesten englischsprachigen Kochbüchern, die wir besitzen, sie spiegeln jedoch einen Ausschnitt der Eßkultur wider, der sich in all der Zeit seit der Eroberung Englands und der im Domesday Book überlieferten Generalinventur des Landes nicht viel geändert hat. Einige der Gerichte entsprechen ziemlich genau dem, was wir auf den Tapisserien von Bayeux abgebildet finden.

Auch wenn dieses Bild, das Wilhelm bei seinem ersten Mahl in England zeigt, vielleicht erst deutlich später entstanden ist, als man immer geglaubt hat, haben wir Grund zu der Annahme, daß es die frühmittelalterlichen Verhältnisse durchaus realistisch wiedergibt. Wir sehen eine offenbar hastig errichtete Feldküche, über dem Feuer an einer improvisierten Aufhängung ein Kochkessel und darüber etwas, was ein Blech mit glühender Holzkohle sein könnte, auf der an langen Spießchen steckende Fleischstücke und kleine Vögel liegen. Auch auf dem Herd daneben, der wie ein römischer Opferaltar aussieht, brät Fleisch. Der Chefkoch steht darüber gebeugt, auf seinen Fleischhaken hat er ein Steak gespießt. Andere Diener nehmen Fleisch von den Spießen und legen es in Schüsseln. Es scheint, als benützten sie ihre Schilde als Tischplatten. Die letzte Szene zeigt den Tisch des »Generalstabs«. Die Herren essen offenbar Steaks, runde Fladenbrote und vielleicht Pastetchen mit Hühnerfleisch. Ein Page kniet mit einer Schüssel, die Grütze enthalten könnte, vor Wilhelm. Die Vögel am Spieß (S. 33) sind noch nicht serviert worden. Vielleicht sind sie für den zweiten Gang bestimmt.

6. *Wilhelm an seiner reich gedeckten Tafel.*

Nach der Invasion

Grütze

FÜR SECHS PERSONEN

So macht man Grütze. Nimm reinen Weizen & stoße ihn gut in einem Mörser, bis die Hülsen abgehen. Siede ihn in Wasser, bis er aufplatzt. Nimm es heraus & laß es abkühlen. Nimm gute Brühe & süße Milch von Kühen oder Mandeln & mische sie dazu. Nimm Dotter von rohen Eiern & Safran & tu es dazu. Salze es. Laß es mit den Eiern nicht mehr kochen. Reiche es zu Wild oder zu fettem Hammelfleisch. (CI, IV 1)

275 g geschroteter oder grob gemahlener Weizen

1,1 l Wasser

150 ml Fleischbrühe, Hühnerbrühe oder Milch (s. u.)

Salz

NACH BELIEBEN:
2 Eigelb, geschlagen
eine Prise getrocknete Safranfäden

Sparen Sie sich die Mühe, Weizenkörner zu enthülsen und zu mörsern, und kaufen Sie einfach geschroteten oder grob gemahlenen Weizen. Schrot ist gröber, etwa wie Haferflocken, und schmeckt kräftiger, nussiger. Safran sollte man besser ganz (in Fäden) kaufen als gemahlen – nur so kann man sicher sein, daß es auch wirklich Safran ist. Es empfiehlt sich, die Fäden vor Verwendung einige Minuten bei niedriger Temperatur im Backofen (oder einige Sekunden in der Mikrowelle) zu trocknen, sie geben dann ihre prächtige Farbe besser ab.

Den Weizen in dem Wasser etwa 15 Minuten weichkochen, dann den Topf vom Feuer nehmen und ihn noch einmal 15 Minuten stehen lassen, bis fast die gesamte Flüssigkeit absorbiert ist. Brühe oder Milch dazugeben (je nachdem, ob Sie das Gericht als Porridge essen möchten oder aber als Beilage zu Wild, Fisch oder Rindfleisch reichen). Die Flüssigkeit auf kleinem Feuer einige Minuten kochen lassen und nach Geschmack salzen. Diese einfache Grütze (oft aus Gerste statt aus Weizen) war die Alltagsspeise der Angelsachsen.

Wenn Sie das Gericht etwas veredeln wollen, so wie es dem Geschmack der normannischen Herren zusagte, geben Sie noch zwei geschlagene Eidotter und eine Prise Safran hinzu. Rühren sie auf schwachem Feuer (die Flüssigkeit darf nicht mehr kochen), bis das Eigelb dicklich wird. Wenn Sie die Masse vom Feuer nehmen und vor dem Auftragen 5 Minuten lang stehen lassen, dickt sie noch weiter ein.

Dies war zusammen mit Wild ein Standardgericht hoher weltlicher und geistlicher Herren. Es war auch ein symbolträchtiges Essen im Winter, weil es die Hoffnung auf den Frühling andeutete.

Es eignet sich noch heute gut als Beilage zu Fleisch mit starkem Eigengeschmack, insbesondere Wild. Die einfache Variante ißt man am besten als Frühstücksporridge.

Gebratene »Brote«

ERGIBT SECHS STÜCK

Crouste rollée. Nimm schönes feines Weizenmehl; nimm Eier & brich sie dazu & färbe den Teig mit Safran. Rolle es auf einem Brett dünn wie Pergament, rund wie eine Oblate. Brate sie in Schmalz und gib sie hin. Du kannst sie auch in der Fastenzeit machen, nur laß dann die Eier weg & nimm Mandelmilch und brate sie in Öl & gib sie hin. (Harl. 279, S. 46)

¼ Teelöffel getrocknete Safranfäden

2 Eßlöffel kochendes Wasser

225 g weißes Mehl

eine Prise Salz

etwas Schweineschmalz oder Butter

2 Eier

Schmalz zum Braten

Nach der Invasion

Safran in dem kochenden Wasser ziehen lassen, bis die Flüssigkeit tief goldgelb und abgekühlt ist. Mehl mit Salz sieben und das Fett einarbeiten, bis die Mischung fein krümelig ist. Eier mit dem Safranwasser schlagen und zu dem Mehl geben. Kneten – der Teig sollte fest, aber nicht zu trocken sein; wenn nötig, etwas kaltes Wasser hinzugeben. Dünn ausrollen und runde Stücke von 12–15 cm Durchmesser ausschneiden; als Schablone kann ein kleiner Teller dienen. Etwas Schmalz in einer schweren Bratpfanne zergehen lassen und die »Brote« (immer nur eines) bei mittlerer Hitze auf beiden Seiten braten, bis sie eine braune Farbe angenommen haben.

7. Abendessen: Grütze und Brot.

Spießgebratene oder gegrillte Steaks
FÜR SECHS PERSONEN

Wie man Steaks von Wild oder Rind macht. Nimm Wildbret oder Rind & schneide es & brate es auf dem Rost braun. Dann nimm Essig & ein bißchen Verjus & ein bißchen Wein & und tu genug feinen Pfeffer dazu und Ingwer. Und wenn du es anrichtest, streu genügend feinen Zimt darüber, so daß die Steaks überall damit bedeckt sind, und tu etwas Soße darüber und dann gib es hin.
(Harl. 279, S. 40)

6 eher dünn geschnittene Steaks

Öl oder Fett zum Grillen

MARINADE ZUM BEGIESSEN

2 Teelöffel Rotweinessig

1 – 2 Eßlöffel Bitterorangensaft

4 Eßlöffel Rotwein

je eine Prise gemahlener schwarzer Pfeffer und gemahlener Ingwer

GARNITUR:

gemahlener Zimt zum Bestreuen

8. Fette Vögel am Spieß werden mit Soße übergossen, während sie braten. Ähnlich verfuhr man mit Fleisch, das auf dem Rost gegrillt wurde.

Die Ränder der Steaks einschneiden, das Fleisch mit Öl oder Fett bestreichen. Zutaten für die Soße vermengen. Steaks grillen, dabei mit der erwärmten Marinadensoße beträufeln. Vor dem Servieren etwas Zimt und übrige Soße auf das Fleisch geben.

Das Originalrezept verlangt Verjus, eine im Mittelalter weit verbreitete Zutat, die aus einer besonderen Sorte Trauben oder (in England) aus unreifen Trauben hergestellt wurde. Ein anderes Rezept, das des Bürgers von Paris (S. 68 ff.), schlägt statt dessen Saft von Bitterorangen vor, der tatsächlich eine köstliche Soße ergibt. Die Früchte sind nur während der Saison zu haben, der Saft läßt sich aber gut einfrieren.

Nach der Invasion

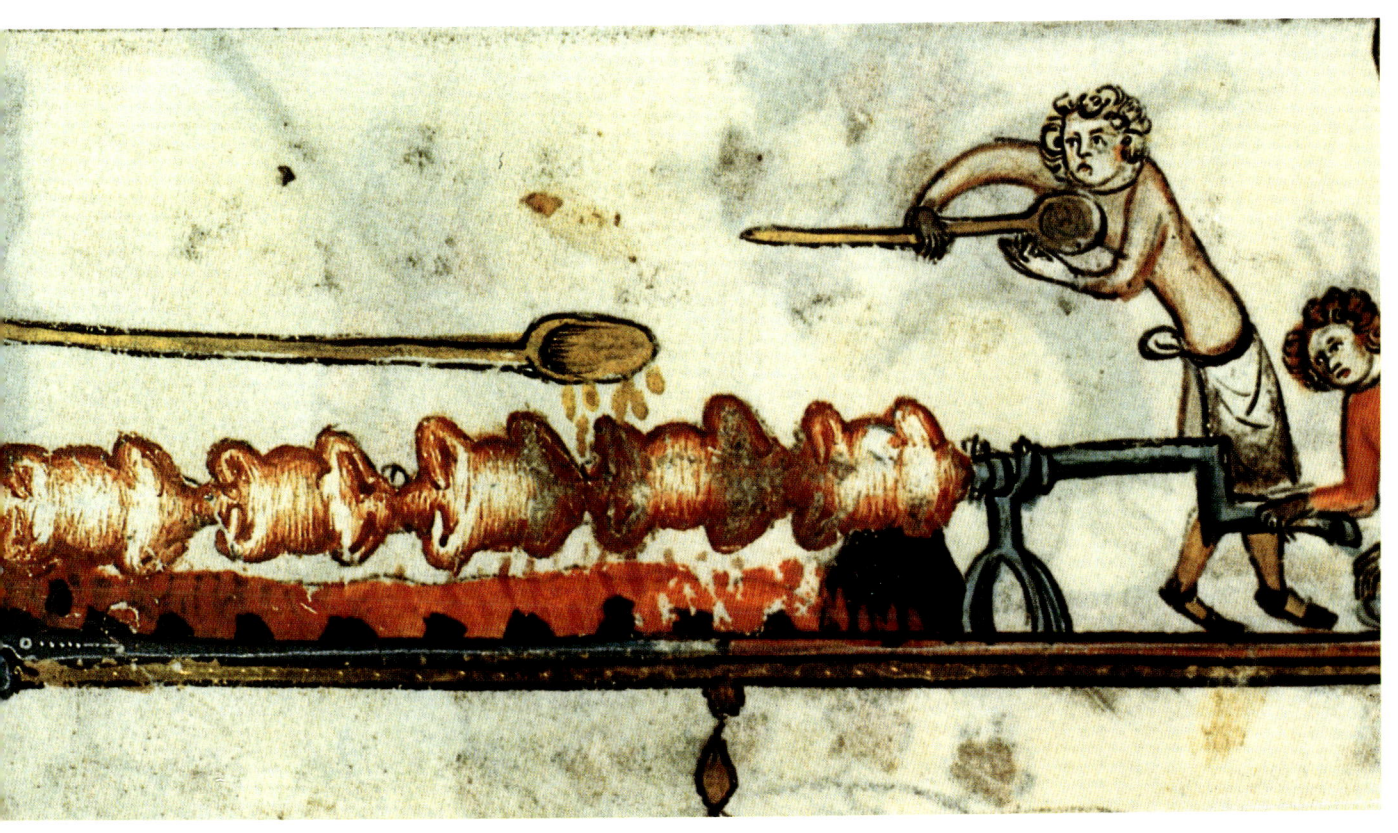

Variante: Lammspießchen

700–900 g mageres Lammfleisch,
in Würfel (ca. 2,5 cm) geschnitten

Marinade zum Begießen wie oben beschrieben

Schneiden Sie das Fleisch in Würfel (ähnlich wie bei dem Lammgericht S. 30 f.) und stecken Sie es an sechs Spießchen. Grillen und mit Soße beträufeln.

Süß-saures Kaninchen

FÜR SECHS PERSONEN

Aigredouce. Nimm Kaninchen oder Zicklein und haue es in grobe Stücke und brate es in weißem Schmalz. Nimm Weinbeeren aus Korinth und brate sie mit. Nimm Zwiebeln, überbrühe sie, schneide sie klein und brate sie. Nimm roten Wein und etwas Essig, Zucker, dazu fein gestoßenen Pfeffer und Ingwer und Zimt, Salz und tu es dazu und koche es mit einem guten Quantum Schmalz und gib es hin. (CI, IV 23)

6 Stücke Wildkaninchen (Hinterläufe oder Rücken)

3 mittelgroße Zwiebeln

75 g Bratenfett oder Schweineschmalz

50 g Korinthen

275 ml Rotwein

25 ml Rotweinessig

15 g Zucker

¼ Teelöffel gemahlener schwarzer Pfeffer

⅓ Teelöffel gemahlener Zimt

⅓ Teelöffel gemahlener Ingwer

Salz

1 ½ Eßlöffel weiche Weißbrotkrumen
zum Eindicken (wenn gewünscht)

Das alte Rezept empfiehlt zwar, das Fleisch zuerst in Schmalz zu frittieren, aber da wir es heutzutage weniger fett mögen, braten wir es lieber in der Röhre. Andere Rezepte für dieses Gericht schreiben Weißbrotkrumen vor, um die Soße einzudicken. Ich habe in meinem Vorschlag diese Variante berücksichtigt.

Backröhre auf 230° (Gas Stufe 8) vorheizen. In der Zwischenzeit das Fleisch von Haut und Sehnen befreien. Die Zwiebeln häuten und in einen Topf mit kal-

Nach der Invasion

9. *Die Normannen brachten erstmals Kaninchen nach England, die dort schnell heimisch wurden.*

tem Wasser legen. Wasser erhitzen, 3–4 Minuten kochen lassen, dann abgießen. Die Zwiebeln kleinschneiden.

Die Fleischstücke in eine Bratreine legen und mit dem Fett bestreichen. Das Fleisch 15 Minuten in der Röhre bräunen, dann wenden. Einige Minuten, bevor das Fleisch gar ist, Zwiebeln und Korinthen hinzugeben und in dem Fett wenden.

Während das Kaninchen brät, Wein, Essig, Salz, Zucker und Gewürze mischen.

Überflüssiges Fett abschöpfen, die Wein-Gewürz-Mischung über das Fleisch gießen. Temperatur auf 180° (Gas Stufe 4) reduzieren. Die Reine zudecken, 30–45 Minuten oder bis das Fleisch zart ist, schmoren. Gelegentlich das Fleisch mit der Soße übergießen. Wenn sie die Soße eindicken möchten, kurz vor dem Servieren die Brotkrumen zugeben.

Sie können nach dem Anbräunen das Fleisch auch in einen geeigneten Topf umfüllen und statt in der Röhre auf dem Herd bei niedriger Temperatur schmoren.

Lamm- oder Hammeltopf
FÜR SECHS PERSONEN

Mounchelet. Nimm Kalbfleisch oder Hammel und schneide es in Brocken. Siede es in guter Brühe, tu Kräuter dazu, wenn du welche hast, und ein Quantum gehackte Zwiebeln, poudre forte und Safran und mische Eier und Verjus dazu, aber laß es nachher nicht mehr kochen. (CI, IV 18)

900 g Lamm- oder Hammelfleisch zum Schmoren ohne Knochen

425 ml Hühnerbrühe

2 mittelgroße Zwiebeln, fein gehackt

1 Eßlöffel gehackte Petersilie

je ½ – 1 Teelöffel frischer Rosmarin, Thymian und Bohnenkraut oder Majoran, im Mörser gequetscht (von getrockneten Kräutern ein kleineres Quantum)

je ¼ Teelöffel gemahlener Ingwer, Kümmel und Koriander

Salz

225 ml Weißwein

2 Eier

2 Eßlöffel Zitronensaft

PASTINAK

Nach der Invasion

10. Das Schaf, das der normannische Krieger requiriert hat, ist für die Feldküche bestimmt.

Das Rezept stellt es frei, Kalbfleisch zu verwenden, aber die Tiere auf den Tapisserien von Bayeux sind ein Schaf, ein Schwein und ein magerer alter Ochse.

Das Fleisch in Würfel (5 cm) schneiden. Die Brühe in einem Schmortopf erhitzen. Fleisch zugeben und kochen lassen. Wenn nötig, Schaum abschöpfen, dann Zwiebeln, Kräuter, Gewürze, Salz und Wein zugeben. Auf kleiner Flamme zugedeckt köcheln lassen, bis das Fleisch gar ist (ca. 1 – 1 ½ Std.). Eier mit dem Zitronensaft gut verrühren. Den Topf vom Feuer nehmen und die Eier langsam einrühren. Nicht wieder kochen lassen.

Gegrillte Wachtel
FÜR SECHS PERSONEN

Gegrillte Wachtel. Nimm eine Wachtel und töte sie.
Und bereite sie genauso zu wie ein Rebhuhn …
(Rebhuhnrezept) *… grille es genauso wie einen Fasan …*
(Fasanenrezept) *… rupfe ihn, schneide den Hals am Körper ab und*
die Beine am Knie und stecke ihm die Knie in die
Bauchöffnung und brate ihn auf dem Rost; die Soße dazu
ist Zucker und Senf. (Harl. 1016, S. 79)

6 Wachteln, ausgenommen und gerupft

Salz und Pfeffer

zerlassene Butter oder anderes Fett

Machen Sie entlang der Wirbelsäule einen Schnitt und drücken Sie die Vögel flach, so wie auf den Teppichen von Bayeux abgebildet. Spießen Sie jede Wachtel längs auf einen hölzernen Fleischspieß. Flügel und Beine werden durch einen zweiten Spieß fixiert, der quer zum ersten durch den Körper gesteckt wird. Salzen und pfeffern, mit Fett bestreichen und 16–20 Minuten grillen; ein- oder zweimal wenden.

11. Kleine Vögel am Spieß frisch vom Grill.

2

CHAUCERS PILGER-GESELLSCHAFT

Als der lebenskluge und weltgewandte Staatsbeamte und Autor Geoffrey Chaucer sein größtes Werk, die *Canterbury Tales,* anpackte, beschloß er einen Reisebericht ganz neuer Art zu schreiben. Er wollte am Anfang in satirischen Skizzen Leute aus verschiedenen Schichten der englischen Bevölkerung darstellen, die sich auf einer Reise zusammengefunden haben und sich unterwegs Geschichten nach ihrem je besonderen Geschmack erzählen. Auf diese Weise entstand eine großartige Bildergalerie mit den Porträts von etwa dreißig wohlausgewählten Personen.

Da es sich bei dieser Reise um eine Pilgerfahrt, wenn auch keine sehr lange und beschwerliche, handelt, ist der geistliche Stand stark vertreten. Es finden sich eine weltlich gesinnte, vornehme Priorin mit Begleitung, ein feister Mönch *á la mode,* der sich dem süßen Leben und der Jagd ergeben hat, dazu ein Bettelmönch, der beim Almosensammeln flirtet, den Mädchen Ständchen bringt und den Bürgersfrauen gegen gute Bezahlung Absolution für ihre Sünden erteilt; nicht minder korrupt sind ein Ablaßkrämer und der Büttel eines kirchlichen Gerichtshofs – ganz im Gegensatz zu dem armen Pfarrer, der bei seiner Gemeinde ausharrt und ihr beisteht.

Die Schar der Laien ist nicht weniger bunt gemischt. Der ranghöchste ist ein Ritter, der vor kurzem aus dem Krieg heimgekehrt ist und von seinem Sohn, einem verliebten Stutzer, begleitet wird. Nach ihm kommt ein schon älteres Mitglied des Landadels, ein Gutsherr und großer Gourmet, der ein gastliches Haus führt und nicht zuletzt deswegen zur Würde eines Sheriffs und Friedensrichters gelangt ist. Weniger gut situiert ist ein Kaufmann, der sich sehr gewählt auszudrücken weiß, um dessen Geschäfte es aber übel steht. Ähnlich eloquent ist ein beschäftigungsloser Rechtsgelehrter. Ferner gibt es noch einen ewigen Studenten, der all sein Geld für Bücher verwendet.

Unter den Reisenden aus dem Handwerkerstand sind einige derbe Gestal-

12. Pilger auf dem Weg nach Canterbury.

Chaucers Pilgergesellschaft

ten: der ungeschliffene, aber durchaus fähige Koch, dessen Gerichte wir probieren werden; der bärenstarke Müller, Preisringer und Zotenreißer, aber tüchtig in seinem Beruf, wenn auch diebisch; der gänzlich ungelehrte, aber reiche Verwalter, ein gerissener Spekulant, der immer weiß, wo ein Geschäft zu machen ist. Der geldgierige Arzt wird uns im 8. Kapitel noch einmal begegnen. Die bekannteste Figur unter allen ist die des Weibs von Bath, die ungewöhnlich viel Erfahrung mit der Ehe gesammelt hat und in gesalzenen Geschichten vom Umgang mit Ehemännern zu erzählen weiß.

Die Geschichten der einzelnen Figuren waren zumeist wohlbekanntes traditionelles Erzählgut, und lediglich die Erzähler verliehen ihnen ihre jeweils besondere originelle Note. Nur wenige Stoffe waren wirklich neu, so etwa die *Erzählung des Dienstmannes des Kanonikers*, die vielleicht von Chaucer selbst stammt. Andere (die eher unscheinbaren) waren einfach Stammtischschwänke. Es finden sich auch klassische Stoffe und Heiligenlegenden. Und doch erscheinen die Figuren in Chaucers genialer Darstellung alle wie direkt aus dem Leben gegriffen – etwa in ihren individuellen Vorlieben und Schwächen für Frauen, gutes Essen, prächtige Kleidung, oder in anderen Details: Das aus Brot und Wein bestehende Frühstück des Freisassen, der vom Mönch erlegte Hase, den man verspeist, das Weißbrot, das die reiche Priorin an ihre Hündchen verfüttert. Auch die Spezialitäten des Kochs werden erwähnt: Eintopfgerichte wie »Blancmanger« und köstliche Pasteten. Die Rezepte für diese und andere Gerichte, die man den Pilgern auf ihrer Reise nach Canterbury aufgetischt haben könnte, finden sich im folgenden.

BORRETSCH

Weißes Brot und Brötchen

ERGIBT 2 LAIBE BROT UND 8–10 BRÖTCHEN

Wir besitzen keine mittelalterlichen Brotrezepte, aber die Namen der verschiedenen Sorten sind uns wohlvertraut. Aus feinstem, mehrfach gemahlenem Weizenmehl wurde Brot gebacken, das paynedemain oder wastel hieß. Es war Brot von dieser Sorte, das die Priorin ihren Hunden zu fressen gab. Noch feiner war das Weizenmehl, aus dem man Gebäck wie simnels und cracknels herstellte, aber auch die Oblaten, die beim Gottesdienst verwendet wurden. Anstelle des hefigen Biersatzes, den man im Mittelalter als Treibmittel verwendete, schreibt unser Rezept handelsübliche frische Backhefe und dunkles Bier vor.

1,3 kg weißes Mehl

50 g Reis- oder Maisstärke

1 Eßlöffel Salz

25 g frische Hefe

575–850 ml warmes Wasser

175 ml dunkles Bier

4 Teelöffel erwärmter Honig

etwas Öl zum Einfetten

Mehl und Salz in einer angewärmten Schüssel vermengen. Hefe mit etwas Wasser kremig anrühren und mit dem Bier, dem Honig und 575 ml Wasser vermischen. Die Flüssigkeit mit dem Mehl zu einem festen Teig rühren; wenn nötig, noch Wasser zugeben. Auf einem Brett ca. 8 Minuten kneten, bis der Teig sich elastisch anfühlt. Zu einer Kugel formen. Die Schüssel innen mit Öl ausstreichen, Teig hineinlegen und mit eingeöltem Pergamentpapier abdecken. An einem warmen Platz gehen lassen, bis der Teig sein Volumen verdoppelt hat.

Teig stürzen und in der Mitte durchschneiden. Aus der einen Hälfte zwei runde Laibe, aus der anderen Brötchen formen. Die Laibe werden an der Oberseite kreuzförmig eingeschnitten. Auf Backpapier legen (genügend Abstand

13. Die Bäcker stellen feines Weißbrot in Form von Semmeln oder kleinen Laiben her.

lassen), mit Pergamentpapier abdecken und an einem warmen Platz noch einmal gehen lassen. Inzwischen den Herd auf 230° (Gas Stufe 8) vorheizen.

Wenn die Semmeln prall und rund aussehen, schiebt man sie in die Röhre und bäckt sie 15–17 Minuten. Um zu testen, ob sie durch sind, klopft man auf die Unterseite. Es muß hohl klingen. Die Laibe werden 25 Minuten lang gebacken. Auch hier macht man wieder den Klopftest. Wenn sie noch nicht ganz durch sind, bäckt man sie noch eine Weile bei reduzierter Temperatur (150°, Gas Stufe 2). Das fertige Brot mit einem Tuch zudecken und auf einem Rost abkühlen lassen.

Brot, das auf einem Blech gebacken wird, bekommt eine harte Kruste. Wenn man es zugedeckt auskühlen läßt, tritt weniger Wasserdampf aus, und das Brot bleibt weicher. Wenn man eine weichere Kruste haben möchte, kann man das Brot auch in einem gefetteten tiefen Blechgefäß, etwa einer großen Plätzchendose, backen.

Gedünsteter Spinat

FÜR SECHS PERSONEN

In Öl gebratener Spinat. Nimm Spinat und koche ihn in Wasser. Gieß ab und drücke das Wasser heraus und hacke ihn klein. Brate ihn in Öl, tu Poudre douce dazu und gib es hin. (CI, IV 188)

700 g Wurzelspinat

3 – 4 Eßlöffel Öl

je ¼ Teelöffel Meersalz, frisch gemahlener schwarzer Pfeffer, geriebene Muskatnuß und gemahlener Zimt

etwas brauner Zucker zum Darüberstreuen

Der mittelalterliche Spinat ähnelte wohl mehr jenem Gemüse, das in England *spring greens* heißt, als den heute gebräuchlichen Spinatsorten. Blatt- oder Wurzelspinat ist gut geeignet. Die gewöhnlichen Leute hätten wohl Rapsöl benutzt, das aus Flandern importiert wurde, aber der Koch von König Richard hatte bestimmt teures Nuß- oder Olivenöl mit feinerem Aroma zur Verfügung. Ich habe ein bißchen Fleischbrühe oder Wasser dazugetan, weil mir das Gericht in der Originalversion zu ölig war.

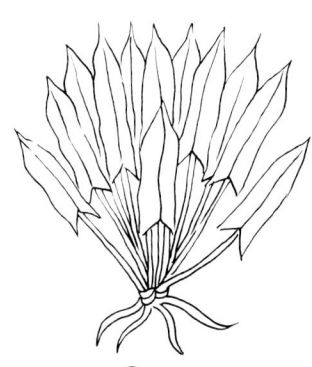

SPINAT

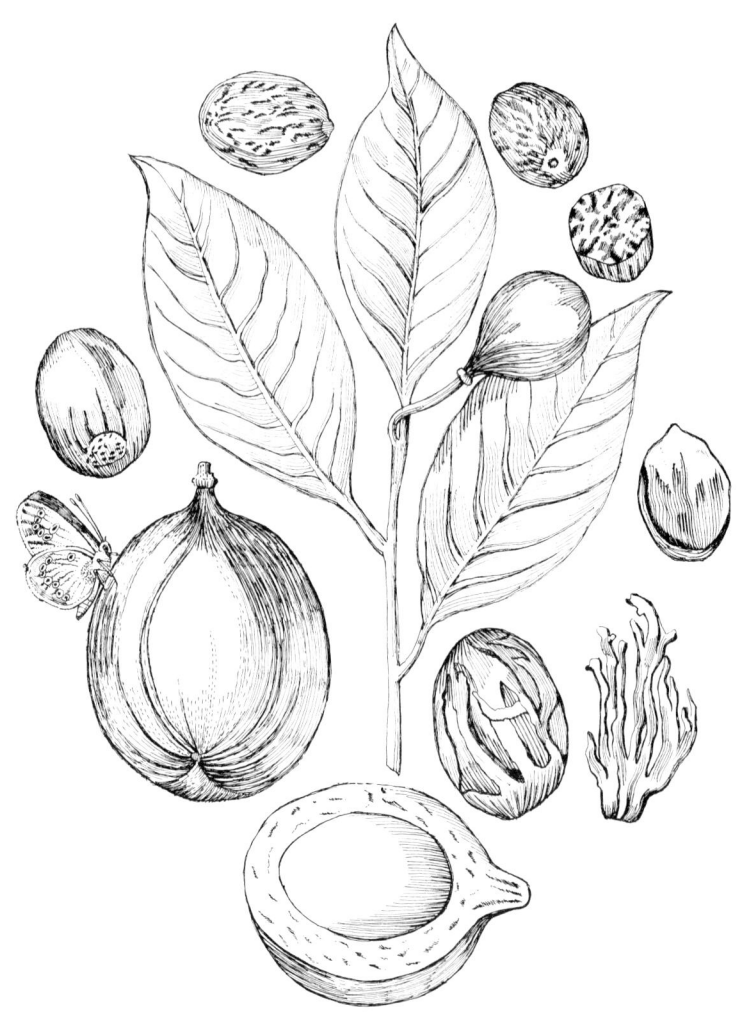

14. *Muskat war ein geschätztes Gewürz, das für Gemüsegerichte, Süßspeisen und heiße Getränke verwendet wurde.*

Das Gemüse waschen und grobe Teile entfernen. Einen großen Topf 5 cm hoch mit Wasser füllen. Die Stauden nebeneinander ins kochende Wasser stellen – notfalls in zwei Arbeitsgängen blanchieren. Mit zwei Kochlöffeln 2 – 3 Minuten wenden, bis die Blätter weich sind. Hitze reduzieren, bei geschlossenem Deckel 5 Minuten simmern.

Abgießen; etwas von der Flüssigkeit aufbewahren. Die Stauden in einem Tuch trocknen und der Länge nach halbieren. Das Öl in einer tiefen Bratpfanne erhitzen, das Gemüse zugeben und etwa einen halben Zentimeter hoch mit der Kochflüssigkeit aufgießen. Gewürze und Zucker hinzugeben. Die Stauden wenden, zugedeckt köcheln lassen, bis Blattrippen und Stengel weich sind. In einer vorgewärmten Schüssel mit oder ohne Kochflüssigkeit servieren.

Goldgelber Lauch und Zwiebeln

Für sechs Personen

Porrée blanche. Nimm weißen Lauch & koche ihn kurz und hacke ihn klein mit Zwiebeln. Wirf es in gute Brühe & siede es zusammen mit kleinen Vöglein. Färbe es mit Safran. Würze mit Poudre douce. (CI, IV 2)

1 Teelöffel getrocknete Safranfäden

2 Eßlöffel kochendes Wasser

6 mittelgroße Stangen Lauch (nur das Weiße)

3 mittelgroße Zwiebeln

575 ml Hühnerbrühe

⅓ Teelöffel brauner Zucker

je eine gute Prise gemahlener weißer Pfeffer, Zimt und Nelken

nach Belieben: gelbe Speisefarbe

Der Büttel in Chaucers Pilgergesellschaft aß besonders gern Zwiebeln und Lauch, dieses Gericht hätte ihm bestimmt geschmeckt – selbst ohne »kleine Vöglein« (Amseln oder Finken).

Safran in dem heißen Wasser einweichen, bis die Flüssigkeit satt goldgelb ist. Wurzeln an den Lauchstangen entfernen und das Weiße in dünne Scheibchen schneiden; das Blanchieren ist unnötig. Die Zwiebeln häuten und in Ringe schneiden. Alle Zutaten im offenen Topf 6–8 Minuten bei mittlerer Hitze dünsten.

Wenn das Gemüse als Beilage gereicht wird, die meiste Flüssigkeit abgießen. Damit der Lauch schön golden aussieht, einen Tropfen Speisefarbe hinzufügen. Man kann aber das Gericht auch als Suppe servieren; in diesem Fall nimmt man die doppelte Menge Brühe.

15. *Nelken fanden sowohl in der Küche als auch in der Medizin Verwendung.*

Hasenpfeffer

FÜR SECHS PERSONEN

Hase en civet. Hau einen Hasen in kleine Stücke und koche ihn in milder Brühe mit seinem Blut. Tu ihn in kaltes Wasser. Zupfe die Knochen sauber ab und tu das Fleisch in einen Topf. Kläre die Brühe. Tu Zwiebeln & gehackte Kräuter dazu. Nimm ganze Nelken, Muskatblüte & Poudre & tränke eine dünne Scheibe geröstetes Brot mit Rotwein. Koche es gar. Würze mit gestoßenem Ingwer, Essig & Salz & achte darauf, daß es die richtige Farbe von dem Blut hat. (OP, 29)

ROSMARIN

1 Hase, ausgenommen und in sechs Teile zerlegt

575 ml Rinderbrühe

Hasenblut oder 125 g geschnetzelte Schweineleber

2 mittelgroße Zwiebeln

je ein Zweiglein Thymian und Rosmarin

2 Scheiben brauner Toast mit Gewürzpulver bestreut

175 ml Rotwein

6 Stengel Petersilie, 4 Nelken und 2 Blättchen Muskatblüte
in ein Stückchen Seihtuch eingebunden

¼ Teelöffel gemahlener Ingwer

Salz

1 Eßlöffel Rotweinessig

Füße und Hautreste entfernen. Die Wirbelsäule zwischen dem Brustkorb und dem fleischigen Rückenstück durchtrennen. Das Fleisch zusammen mit der Brühe und dem Blut bzw. der Leber 15 Minuten kochen. In dieser Zeit Zwiebeln und Kräuter hacken und den mit Gewürzpulver bestreuten Toast mit den Gewürzen in Wein einweichen.

Das Hasenfleisch aus dem Topf nehmen, die Brühe durchseihen, Leber ent-

16. Der junge Koch wird wahrscheinlich einen größeren Topf brauchen, wenn er den Hasen mit Wein und Gewürzen zubereiten will.

fernen. Das Hasenfleisch mit kaltem Wasser abwaschen. Die Brühe wieder in den Topf gießen, gehackte Kräuter und Zwiebeln sowie das Gewürzsäckchen dazugeben, das eingeweichte Brot und den Wein darunterrühren. Zuletzt das Fleisch in den Topf geben, den Brustkorb zuoberst. Zugedeckt 2 Stunden oder bis das Fleisch gar ist, auf kleinem Feuer köcheln. Vor dem Servieren Essig mit Ingwer und Salz in die Soße rühren. Den Brustkorb herausnehmen. In einer Kasserole oder Bratenschüssel heiß servieren.

Chaucers Pilgergesellschaft

Huhn mit Reis und Mandeln

FÜR SECHS PERSONEN

Blancmanger. Nimm zwei Teile Reis & einen dritten Teil Mandeln; wasche den Reis in lauwarmem Wasser & rühre & siede ihn, bis er aufplatzt, & laß ihn abkühlen & nimm die Milch & tu sie zum Reis & koche sie & tu weißes Fett dazu & fein zerkleinertes Hühnerfleisch & rühre es gut & salze es & richte es in Schüsseln an. & brate Mandeln in frischem Schmalz braun & lege sie in die Schüsseln & streue Zucker darüber & gib es hin. (CI, III 28)

225 g Langkornreis

1,4 l kräftige Hühnerbrühe

125 g geriebene Mandeln

450 g pochiertes weißes Hühnerfleisch, zerkleinert

2 – 3 Eßlöffel ausgelassenes Hühnerfett

Salz und frisch gemahlener Pfeffer

ZUR GARNITUR:

50 g gehobelte Mandeln, geröstet

etwas Zucker oder Safran zum Darüberstreuen

Es gibt etliche Versionen dieses beliebten Gerichts, eine mit Fleischstücken drin, eine andere (die der Bürger von Paris überliefert) speziell für Alte und Kranke. Ich habe für mein Rezept Details aus verschiedenen Varianten übernommen – Chaucers Koch ist gewiß ähnlich verfahren.

Den Reis in lauwarmem Wasser waschen, dann in 1,1 l Hühnerbrühe kochen, bis er fast gar ist. Die restliche Brühe erhitzen und die geriebenen Mandeln darin 15 Minuten ziehen lassen. Den fertigen Reis abgießen und abkühlen lassen. In einen Topf geben und den durchgeseihten Mandelsud, die »Milch«, dazugießen. Simmern lassen. Hühnerfleisch und Fett einrühren. Abschmecken.

Küchengeheimnisse des Mittelalters

17. Chaucers Koch in seiner Arbeitskleidung. In der Hand hält er einen Fleischhaken.

In vorgewärmten Schüsselchen anrichten. Um den Rand herum geröstete gehobelte Mandeln streuen. Man kann auch noch eine sehr kleine Menge Zucker darüberstreuen oder in die Mitte ein paar Safranfäden legen (die Safranvariante ist hübscher und schmeckt besser, ist freilich teurer).

Lombardische Hühnerpastetchen

FÜR SECHS PERSONEN

Hühnchen werden mit der Brust nach oben in eine Pastete gelegt. Über die Brust legt man große Streifen geräucherten Speck und macht die Pastete zu. Item in der lombardischen Manier, wenn die Hühnchen gerupft und zugerichtet sind, nimm geschlagene Eier (Dotter und Eiweiß wohlgemerkt) mit Verjus und Gewürzpulver und tauche deine Hühnchen hinein. Dann lege sie in die Pastete mit Speck wie oben. (MP)

350 g Mürbteig oder Blätterteig

2 geschlagene Eier

2 Eßlöffel Verjus oder Zitronensaft (s. S. 26)

⅛ Teelöffel frisch gemahlener schwarzer Pfeffer

½ Teelöffel gemahlener Ingwer

450 g Hähnchen- oder Truthahnbrust, dünn geschnetzelt

3 große Streifen Frühstücksspeck oder magerer Hinterschinken, halbiert

Ohne Zweifel ließ der Gutsbesitzer aus Chaucers Wallfahrergruppe, der so eine großartige Tafel führte, seinen Gästen daheim eine prächtige Riesenpastete mit zweierlei Teig servieren, aber für die Reise eignete sich die kleinere Ausführung besser. In jedem Fall hätte er seinen Koch angewiesen, die Vögel zu entbeinen. Es ist sehr lästig, wenn man gezwungen ist, in einer Pastete nach versteckten Knöchelchen (oder Gräten) zu fahnden.

Den Teig ausrollen und sechs runde Platten mit 16 cm Durchmesser ausschneiden. Den Teig ruhen lassen, während Sie die Füllung zubereiten. Die Backröhre auf 220° (Gas Stufe 7) vorheizen.

18. *Ein Essen im kleinsten Kreis. Auf dem Tisch steht eine Pastete.*

Die geschlagenen Eier mit Verjus oder Zitronensaft, dem Pfeffer und dem Ingwer verrühren. Das Geflügelfleisch darin eintauchen und zu gleichen Teilen auf die Teigplatten geben, und zwar so, daß eine Hälfte und der ganze Rand freibleibt. Einen halben Speckstreifen obendrauf legen. Den Rand der Pasteten mit der Eimischung bestreichen. Die freie Hälfte Teig über die Füllung klappen und gut andrücken, mit einer Gabel zum Beispiel. Die Pasteten einigemal anstechen.

Auf Backpapier 15 Minuten backen. Dann Hitze auf 190° (Gas Stufe 5) reduzieren und 20 – 25 Minuten garen. Heiß oder kalt servieren.

Feigen-Rosinen-Creme

FÜR SECHS PERSONEN

Râpée. Nimm halb Feigen, halb Rosinen.
Verlese sie und wasche sie in Wasser. Blanchiere sie in Wein,
zerdrücke sie in einem Mörser und streiche sie
durch ein Sieb. Tu es in einen Topf, dazu feinen Pfeffer und
andere gute Gewürze. Binde es mit Reismehl und färbe mit Sandelholz.
Salze, siede es und laß es auftragen. (CI, I 85)

125 g getrocknete Feigen, gut eingeweicht

125 g Rosinen

275 ml nicht zu trockener Rotwein

eine gute Prise gemahlener schwarzer Pfeffer

⅓ Teelöffel gemahlener Zimt

⅛ Teelöffel gemahlene Nelken

dunkler brauner Zucker

3 Teelöffel Reis- oder Maisstärke

ein bis zwei Tropfen rote Speisefarbe

Salz

Feigen abgießen, Flüssigkeit aufbewahren. Harte Teile abschneiden. Feigen, Rosinen, Wein mit einem Teelöffel Zucker und Gewürzen erhitzen, kurz aufkochen, anschließend etwas abkühlen lassen. In einem Mixer glatt pürieren; wenn die Masse zu trocken ist, etwas von dem Einweichwasser hinzufügen.

Stärke mit etwas Einweichwasser oder Wein kremig anrühren, mit einem Tropfen Lebensmittelfarbe rötlich färben. Im Mixer mit dem Fruchtpüree gut vermischen. Die Flüssigkeit wieder in den Topf gießen und auf kleinem Feuer etwas eindicken lassen. Nach Geschmack salzen und eventuell noch etwas Zucker zugeben.

Die Creme schmeckt heiß oder kalt als Soße zu süßen Mehlspeisen oder gekochten Früchten, am besten aber mit Eis. In anderen Handschriften finden sich dickflüssigere Varianten, die sich als Füllung für Törtchen oder krapfenartiges Schmalzgebäck eignen.

19. *Feigen mit Gewürzen waren eine begehrte Leckerei, besonders in der Fastenzeit.*

3
HINTER KLOSTERMAUERN

Bis zum Beginn des 13. Jahrhunderts aßen Mönche und Nonnen wahrhaft spartanisch. Fleisch von warmblütigen Tieren war ihnen generell verboten. Es gab nur das Mittagessen – in der Regel die Hauptmahlzeit – und eine karge Vesper vor Sonnenuntergang – überhaupt kein Frühstück und keinerlei Zwischenmahlzeiten. Das war schwer auszuhalten, wenn man in der Nacht aufstehen mußte zur Mette, gefolgt von den Laudes, um dann nach kurzer Ruhe sein Tagwerk zu beginnen und bis zum Mittagessen durchzuarbeiten.

Und die Mahlzeiten waren keineswegs bloß zur Erholung da. Ein Mitbruder bzw. eine Mitschwester – vielleicht nicht unbedingt jemand mit einem Hang zu besonders dramatischer Deklamation – las während des Essens aus frommen Schriften vor, über deren Lehren man nachdenken sollte. Im übrigen galt Sprechverbot, so daß man sich der Zeichensprache bedienen mußte, was zu kuriosen Mißverständnissen führen konnte.

Der Idee nach war das Fasten eigentlich eine freiwillige Askeseübung und eine Privatsache jedes Gläubigen, aber natürlich war es völlig undenkbar, daß ein Mitglied einer Klostergemeinschaft sich dieser Pflicht entzogen hätte. Mönche und Nonnen mußten in den für alle obligatorischen Fastenzeiten Abstinenz halten und noch an einigen Tagen mehr. Oft wurden ihnen über das gewöhnliche Maß hinaus noch besondere Entbehrungen auferlegt. So ersetzte man etwa das sonst übliche Brot durch schlechteres Gerstenbrot; in der vorösterlichen Fastenzeit wurde das Abendessen auf eine *collatio* mit Wasser und Brot reduziert oder ganz gestrichen.

Die rigiden Vorschriften ließen sich in der Praxis kaum allgemein durchsetzen und wurden nach und nach gelockert. Kranke und alte Brüder waren von jeher von der Pflicht zur Abstinenz befreit gewesen – jetzt bürgerte sich der Brauch ein, daß immer ein gewisser Teil ihrer Mitbrüder in rotierendem Wechsel eine Zeitlang gemeinsam mit ihnen essen und so quasi Ferien vom Fasten machen durfte. Auch die Klosteroberen konnten leichten Gewissens Fleisch essen. Die Kirche lehrte ja, daß die Klöster jeden, der an ihre Pforte kam, aufnehmen und speisen sollten, so gut sie es nur vermochten. Mit dem Hinweis darauf konnte ein Abt oder Prior das erlegte Wild, das irgendein Laie den Brüdern schenkte, beruhigt annehmen. Bei großen Festen freilich, wo es galt, öffentlich Frömmigkeit zu demonstrieren, achtete man immer darauf, neben den Fleischgerichten ein nicht minder aufwendiges Fischmenü für die Kleriker oder andere Gäste, die an diesem Tag ein Privatfasten einlegten, bereit zu halten.

Selbst die mildesten Einschränkungen wurden im Lauf der Zeit aufgeweicht. Die *collatio* verwandelte sich, zumindest in den reichen Klöstern, in eine Mahlzeit, bei der köstlicher Toast mit Gewürzen und allerlei anderen Leckereien, so etwa kandierte und gedörrte Früchte, gereicht wurden. Kandierte Früchte gab es oft reichlich, weil praktisch jedes größere Klöster eigene Bienenstöcke und somit immer genügend Honig hatte – in erster Linie allerdings sollten die Bienen Wachs für Kerzen liefern. Bienen galten als heiligmäßige und jungfräuliche Tiere, die Zugang zu Gottes Ohr hatten, weswegen die Kerzen, die im Gottesdienst benutzt wurden, aus Bienenwachs sein mußten.

21. Ein lebenslustiger Cellerar.

20. Strafe muß sein, auch im Kloster.

Hinter Klostermauern

Wenn auch die Abstinenzvorschriften bereits weitgehend gelockert waren, ersannen die Gerisseneren unter den Brüdern und Schwestern doch immer neue Schliche, die noch verbliebenen Restriktionen zu umgehen. Die visitierenden Bischöfe klagten unablässig über die unmäßige Schlemmerei in den Klöstern. Einige Mönche und Nonnen, die es besonders wild trieben, ignorierten einfach alle unbequemen Gebote und beschimpften jeden, der zu fromm (oder zu arm) war, um sie zu übertreten. Der lebenslustige Mönch, den Chaucer in seinen *Canterbury Tales* auftreten läßt, kommt wohl einem lebenswirklichen Vorbild durchaus nahe.

FINGERKRAUT

Hinter Klostermauern

Gerstenbrot

ERGIBT ZWEI LAIBE 'A 600 G

Feines weißes Brot war ein Luxus und eigentlich keine Alltagsspeise für Mönche und Nonnen (s. S. 37). Gröberes Brot oder Gerstenbrot hielt länger vor, so die allgemeine Ansicht, und war für Leute, die lange Stunden mit mühseliger Arbeit oder im Gebet zubrachten, besser geeignet. Gerste war immer vorrätig, weil die Mönche daraus auch Bier brauten. Das Rezept unten ist aus alten Beschreibungen des Brotbackens abgeleitet, die sich in verschiedenen englischen Handschriften finden.

500 g kräftiges Vollkornmehl

225 g Gerstenmehl

25 g Reisstärke

½ Eßlöffel Salz

15 g Frischhefe

60 ml dunkles Bier

etwa 425 ml warmes Wasser

2 Teelöffel flüssiger Honig

Die trockenen Zutaten in einer erwärmten Schüssel vermengen. Die Hefe in etwas Bier auflösen, mit 350 ml Wasser und dem Honig mischen. Die Flüssigkeit in das Mehl zu einem festen Teig einrühren; wenn nötig, noch etwas Wasser zugeben. Kneten, bis sich der Teig elastisch anfühlt. Eine Kugel formen. In die mit etwas Öl ausgestrichene Schüssel legen, ein Stück Plastikfolie lose darüberdecken und an einem warmen Platz gehen lassen, bis der Klumpen sein Volumen verdoppelt hat. Aus dem Teig zwei gleichgroße runde oder längliche Laibe formen. In zwei große Blechdosen (Plätzchen-, Brot- oder Kuchendosen) legen. Runde Laibe auf der Oberseite kreuzförmig einschneiden. Backröhre auf 230° (Gas Stufe 8) vorheizen.

Küchengeheimnisse des Mittelalters

Teig mit einem Tuch abdecken und an einem warmen Platz noch einmal gehen lassen. 20 – 25 Minuten backen. Wenn man auf die Unterseite klopft, sollte es hohl klingen. Wenn das Brot noch nicht ganz durch ist, mit Folie abdecken und bei leicht reduzierter Hitze noch etwas backen. Auf einem Gitter mit einem Tuch zugedeckt abkühlen lassen. Erst anschneiden, wenn das Brot abgekühlt ist.

Lauch und Brotbrocken in Wein

FÜR SECHS PERSONEN

Brotbrocken. Nimm das Weiße vom Lauch und schneide es und siede es in Wein, Öl und Salz. Röste Brot und lege es auf Teller und gieße das Gemüse darüber und trage es auf. (CI, IV 82)

8 – 10 Stangen Lauch, je nach Größe

2 Eßlöffel Olivenöl

Salz

1 Flasche (0,75 l) Weißwein

3 – 4 Scheiben Weißbrot, frisch getoastet

Selbst Chaucers Freisasse, der keinen Lauch zum Frühstück aß, hätte wohl diese klassische Version von »Brocken in Wein« köstlich gefunden. Für die Mönche war es gewiß ein Festmahl, vor allem in der Fastenzeit, wenn es oft nur Brot und Wasser zum Abendessen gab, jedenfalls offiziell. Es ist ein einfaches, aber bestimmt kein Armeleutegericht. Die Armen aßen auch das Grüne vom Lauch, und sie konnten sich in der Zeit, da Fleischbrühe verboten war, nicht mit Wein behelfen. Olivenöl und Weißbrot (das in einem zweiten, sehr ähnlichen Rezept ausdrücklich vorgeschrieben wird) waren ebenfalls Luxus.

Das Weiße vom Lauch in dünne Scheiben schneiden. (Werfen Sie das Grüne nicht weg, sondern verwenden Sie es für ein Werktagsgericht.) Den Lauch mit Salz und Öl in dem Wein köcheln lassen, bis er weich ist. In der Zwischenzeit den Toast in kleine Stücke schneiden oder brechen, die auf sechs Suppenteller verteilt werden. Den Wein mit dem Lauch darübergießen und servieren, sobald der Toast etwas weich geworden ist.

22. Ein betrügerischer Bäcker, der seinen Kunden zu leichtes Brot verkauft hat, wird zur Strafe auf einem Schlitten durch die Straßen gefahren. Um den Hals gehängt trägt er (oder sie?) einen Laib Brot.

23. Stilisierte Darstellung einer vornehmen Tischgesellschaft an einem »Fischtag«.

Hecht in Aspik

FÜR SECHS PERSONEN

Hecht in Gelee. Nimm braunes Brot und weiche es in einem Viertel Essig ein, dazu ein Quantum Wein für den Hecht und ein Viertel Zimtpulver, und streiche es durch ein Sieb und tu es in einen Topf und laß es kochen; und tu zerstoßenen Pfeffer dazu oder Ingwer oder Nelken und laß es abkühlen. Und dann nimm einen Hecht und siede ihn in guter Soße und nimm ihn heraus und laß ihn ein bißchen abkühlen; und lege ihn in die Schüssel, in der du ihn auftragen willst. Und gieße die Brühe dazu, darunter und darüber, so daß er auf allen Seiten davon umgeben ist, und trage ihn auf, wann du willst. (Harl. 4016, S. 101)

Etwa 1,4 kg Hecht (Mittelstück) oder einen ähnlichen Fisch

275 ml Weißwein

2 Eßlöffel Weißweinessig

2 – 3 Stengel Petersilie

Salz

3 Scheiben Mischbrot ohne Rinde

¼ Teelöffel gemahlener Zimt

⅛ Teelöffel gemahlener weißer Pfeffer

125 g kleingehackte Zwiebeln

Öl zum Braten

Gelatine (wenn gewünscht)

Den Fisch in einen Topf mit dem Wein, dem Essig, der Petersilie und soviel Salzwasser legen, daß der Fisch ganz bedeckt ist, und 15 Minuten pochieren. Den Topf vom Feuer nehmen – der Fisch gart beim Abkühlen – und zugedeckt abkühlen lassen, bis die Flüssigkeit lauwarm ist.

Den Fisch vorsichtig herausheben, den Sud zur späteren Verwendung zur Seite stellen. Die Brotscheiben in eine Schüssel legen und soviel von dem Fischsud darübergießen, daß sie ganz bedeckt sind.

Den Fisch häuten und entgräten. Der Hecht hat auf jeder Seite des Körpers etwa in der Mitte eine Reihe feiner Gräten. Um an sie heranzukommen, müssen Sie das Fleisch in kleine portionsgerechte Stücke zerschneiden.

24. *Der Hecht war seines festen Fleischs wegen ein begehrter Speisefisch.*

Den restlichen Sud durchseihen. Im Mixer aus 425 ml Sud, dem durchweichten Brot, Pfeffer und Zimt eine glatte Soße herstellen. Die Flüssigkeit in einen Topf gießen. Die Zwiebeln dünsten, bis sie weich sind, und in die Soße geben. Abschmecken, die Fischstücke hineingeben, erhitzen und servieren.

Wenn Sie den Hecht kalt essen möchten, schmecken Sie die Soße ab, die Sie im Mixer hergestellt haben, und erhitzen sie. Geben Sie soviel Gelatine hinzu wie nötig (wenn Sie einen ganzen Fisch gekocht hätten, würde die Brühe ohne zusätzliche Hilfsmittel gelieren). Dann Fisch und Zwiebeln hinzugeben, alles in eine Form gießen und kaltstellen, damit es geliert.

Schellfisch in feiner Soße

ERGIBT SECHS PORTIONEN

Schellfisch en Civet. Mach ihn auf & wasche ihn sauber & koche ihn & brate ihn auf einem Rost; nimm zerstoßenen Pfeffer und Safran, Brot und Bier und kleingehackte Zwiebeln, brate sie in Öl und tu sie dazu, und salze; koche es, tu deinen Schellfisch auf Platten und das Civet darüber und gib es hin. (Laud. 533, S. 114)

900 g Schellfischfilet

Salz

75 g fein gehackte Zwiebeln

Öl oder Butter zum Braten

¼ Teelöffel gemahlenen weißen Pfeffer

75 g weiche Weißbrotkrümel

125 ml dunkles Bier

Civet ist ein pikantes Ragout, normalerweise aus Wildfleisch; daher das dunkle Bier. In alten Rezepten wird normalerweise das »Ausnehmen« von Tieren nicht mit dem Wort »aufmachen« bezeichnet; gemeint ist hier, so vermute ich, eher

Hinter Klostermauern

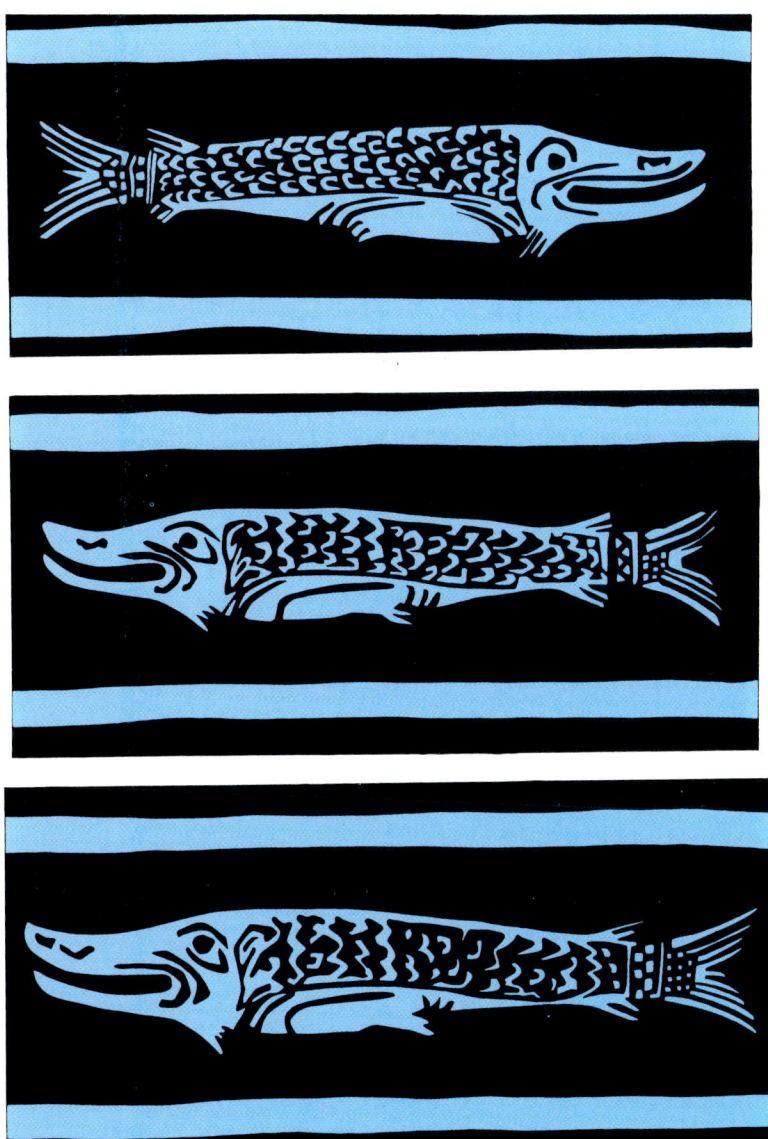

25. *Bodenfliesen in Westminster Abbey. Die Fische sollten vielleicht die Mönche zu Enthaltsamkeit und Buße mahnen.*

etwas wie »auseinanderklappen«, konkret: in der Mitte auseinanderschneiden und entgräten. Es konnte dann leicht in Stücke zerlegt und – ganz ähnlich wie Civet mit Wildfleisch – mit dem Löffel gegessen werden. Wer es mit dem Fasten ganz genau nehmen wollte (und es sich leisten konnte), verwendete in der Fastenzeit zum Braten Öl, aber ärmere Leute behalfen sich wohl mit Butter und ließen den Safran weg, so wie in meiner Variante des Rezepts – die Farbe kommt in dem Bier ohnehin nicht zur Geltung.

Das Schellfischfilet häuten und in Stücke schneiden. In einem flachen Tiegel soviel Salzwasser aufsetzen, daß der Fisch vollkommen bedeckt ist, und zum Kochen bringen. Die Fischstücke hineinlegen und kurz simmern lassen, dann den Topf vom Feuer nehmen und den Fisch zugedeckt ziehen lassen, während man die Soße macht. Zwiebeln braten, bis sie Farbe annehmen, zusammen mit dem Pfeffer, den Brotkrumen, dem Bier und 225 ml von dem Fischsud in einen elektrischen Mixer geben und glatt pürieren. Anschließend wird die Soße auf kleinem Feuer wieder erhitzt.

Während die Soße warm wird, nimmt man die Fischstücke aus dem Sud, tupft sie trocken und legt sie auf einen Rost. Man bestreicht sie mit ein wenig Fett und grillt sie, bis sie eine ganz leichte Kruste bilden. Dann schneidet man den Fisch in mundgerechte Bissen oder in Portionen und löffelt etwas Soße darüber. Der Rest wird in einer Sauciere gereicht. Anstelle von Bier können Sie auch Cidre verwenden.

Grüne Suppe mit Mandelmilch

FÜR SECHS PERSONEN

Kräuter mit Mandelmilch. Nimm Kräuter; koche sie, hacke sie klein, mörsere sie. Nimm blanchierte Mandeln; stoße sie fein und zieh sie aus in Wasser. Setze sie aufs Feuer und siede die Kräuter mit der Milch und tu Zucker und Salz hinein und gib es hin. (CI, IV 89)

900 g Spinat

125 g grüner Lauch (s. unten)

2 Eßlöffel gehackte frische Kräuter (z. B. Schnittlauch, Thymian und Ysop)

1,1 l Wasser

125 g gemahlene Mandeln

15 g Reis- oder Maisstärke

Salz und Pfeffer

eine Prise Zucker

eine Prise Muskatnuß oder geriebene Zitronenschale

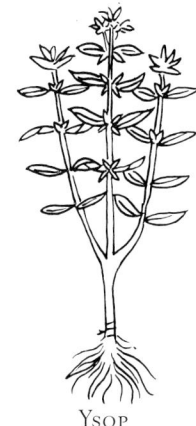

YSOP

Mit Winterspinat zubereitet, ist diese nahrhafte Suppe satt dunkelgrün. In der Fastenzeit war dieses Gericht wohl eine vollständige Mahlzeit für die Klosterbrüder.

Spinatstengel abschneiden, Blätter gründlich waschen; es sollten etwa 700 g übrigbleiben. Die äußeren Blätter vom Lauch entfernen und nur das innere zarte Grün verwenden. Quer zur Faser in dünne Streifen schneiden. Blätter von den Kräutern abzupfen und hacken. Gemüse und Kräuter in 1,1 l Wasser kochen, bis der Lauch gar ist.

Mandeln und Mehl in einem Topf mit etwas Wasser kremig glatt verrühren.

Gemüse abgießen, Flüssigkeit auffangen. Einige Blättchen Spinat beiseitelegen für die Garnierung, den Rest pürieren. Mit der »Mandelmilch« und etwa der Hälfte der Kochflüssigkeit verrühren. Salz und Gewürze zugeben. Unter Rühren erhitzen und leicht eindicken lassen. Nach Belieben zusätzlich Flüssigkeit hinzufügen. In einer Suppenschüssel mit Spinatblättern garniert servieren.

THYMIAN

Mandelmilch

Zuerst nimm Mandeln & zieh einen Teil davon ab, & laß die einen ganz, die anderen aber stoße fein. Sodann nimm die ganzen Mandeln & viertle sie. Sodann nimm fette Brühe & Nierenfett vom Schwein oder von anderem Fleisch. Mische deine Mandeln dazu & ziehe die Milch heraus & und tu sie in einen Krug ... (CI, I 56)

Gemahlene Mandeln

Wasser, Fleischbrühe, Wein oder andere Flüssigkeit

Reis- oder Maisstärke

Salz

Man kann die Mandelmilch passend zu dem Gericht, in dem sie verwendet wird, beliebig dick- oder dünnflüssig machen, indem man mehr oder weniger Mandeln verwendet. Wichtig ist nur, daß eine möglichst homogene Mischung entsteht. Das Verfahren ist immer dasselbe.

Die Mandeln in einer Mühle oder Küchenmaschine mit Hackwerk sehr fein zerkleinern. In eine Schüssel geben und mit kochendem Wasser kremig rühren. 10 – 15 Minuten stehen lassen, dann durch ein Metallsieb streichen.

Wenn die Mischung noch nicht glatt genug ist, ein wenig Stärkemehl einrühren und auf kleinem Feuer etwas eindicken. Dann Salz und soviel Flüssigkeit hinzufügen, wie das Rezept verlangt.

Meiner Erfahrung nach ergeben 125 g Mandeln und ein Eßlöffel Stärke mit 275 ml Flüssigkeit eine »Milch«, die sich für die meisten Zwecke gut eignet.

Mandelmilch wurde überall eingesetzt, wo ein Gericht mit einer kräftig schmeckenden Soße zubereitet werden mußte, die aber weder Fleischprodukte noch Milch oder Sahne noch Eier enthalten durfte. Sie wurde auch verwendet, um ein Gericht nahrhafter zu machen oder einfach seines Aromas und feinen Geschmacks wegen.

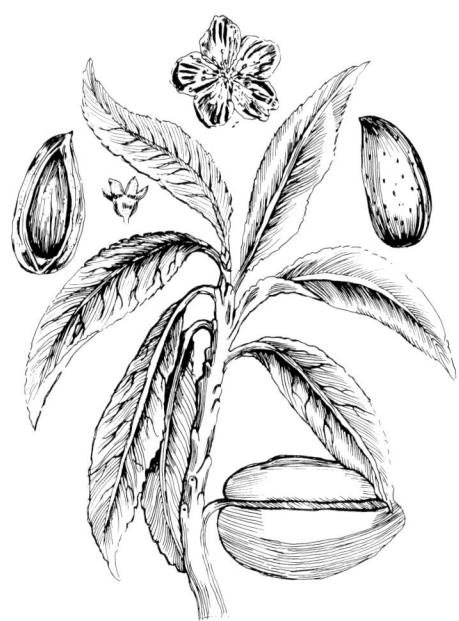

26. Mandeln, eine wichtige Zutat in mittelalterlichen Rezepten, allerdings keine Speise für die armen Leute.

Frittierte Feigenküchlein

FÜR SECHS PERSONEN

Tartelettes frittes. Nimm Feigen & stoße sie fein; tu Safran & Poudre forte dazu.
Wickle sie ganz in Teigblätter ein und brate sie in Öl.
Mach Honig warm und bestreiche sie damit; iß sie heiß oder kalt.
(CI, IV 157)

450 g getrocknete Feigen, eingeweicht und kleingehackt
(Einweichwasser aufbewahren)

Gewürzmischung Poudre forte: je ⅛ Teelöffel Ingwer und Nelken
und etwas schwarzer Pfeffer

¼ Teelöffel getrocknete Safranfäden in etwas Einweichwasser

¼ Teelöffel Salz

2 Eiweiß

1 Eigelb

6 – 7 Scheiben tiefgefrorener Phylloteig (in griechischen
Lebensmittelläden erhältlich) oder dünn ausgerollter Blätterteig

Frittieröl

etwa 225 ml erwärmter, klarer Honig

Die mittelalterlichen Apotheker verkauften gebrauchsfertige Gewürzmischungen aus eigener Produktion. Es gab keine fest definierten Rezepte dafür – jeder Produzent hatte seine eigenen Geschmacksvorstellungen –, wohl aber Typenbezeichnungen, aus denen der allgemeine Charakter jeder Mischung ersichtlich war. *Poudre forte* enthielt in aller Regel schwarzen Pfeffer, Ingwer, Nelken oder Kümmel und andere kräftige Gewürze. *Poudre douce* (s. S. 92) enthielt mildere, süßere Ingredienzien wie Zimt und Zucker.

Feigen wurden die ganze Fastenzeit hindurch gegessen, besonders aber in der Karwoche zum Andenken an Jesu Einzug in Jerusalem. In den Klöstern waren sie eine Festspeise.

Im Mixer die kleingehackten Feigen, Gewürze und Safran, Salz und Eigelb pürieren.

27. Der Apotheker verkaufte auch gebrauchsfertige Gewürzmischungen.

Die Eiweiße flüssig schlagen. An der kurzen Seite der rechteckigen Teigplatten 7,5 cm markieren und auf diese Breite zuschneiden. Jeweils eine Teigplatte dünn mit Eiweiß bestreichen, etwas von der Feigenmischung an einem Ende daraufgeben und den Teigstreifen zusammenrollen. Die beiden Enden der Rolle fest zusammendrücken.

Die Rollen in Öl backen oder frittieren. Wenn Sie es sehr süß mögen, löffeln Sie noch warmen Honig darüber, wie es das alte Rezept empfiehlt.

4

DER BÜRGER VON PARIS

Der aufrechte französische Grundbesitzer, dessen Rezepte in diesem Kapitel wiedergegeben sind, tritt uns in seinem Buch, das er mit sechzig Jahren schrieb, als einer der interessantesten Charaktere seiner Zeit entgegen. Das liegt zum Teil daran, daß wir es hier nicht mit der Biographie eines Großen seiner Zeit zu tun haben, dessen Worte und Taten der Nachwelt überliefert werden, auch nicht mit dem Werk eines professionellen Autors, sondern vielmehr offenbar mit der Arbeit eines Privatmanns, der versuchte, gestützt auf verschiedene Quellen und aus seiner eigenen Erfahrung heraus ein Handbuch der Hauswirtschaft für seine fünfzehn Jahre alte Braut zu verfassen.

Ein derart großer Altersunterschied zwischen Eheleuten war im 14. Jahrhundert nicht ungewöhnlich. Seuchen und Kriege und das wegen der unhygienischen Zustände häufige Kindbettfieber forderten ihren Tribut, weswegen die Chance, daß ein einigermaßen vermögender Mann im Lauf seines Lebens mindestens zweimal heiratete, ziemlich groß war. Und es war oft wohl auch gar keine üble Sache, wenn ein wohlhabender Mann ein junges Mädchen zur Frau nahm, das für ihn sorgte, wenn er alt war, und das damit rechnen konnte, eines Tages als wohlversorgte, mit der Leitung eines ansehnlichen Hauswesens vertraute Witwe dazustehen. Der Ménagier de Paris, der irgendeine Art höherer Beamter gewesen zu sein scheint, war so ein Mann. Er besaß einen Gutshof auf dem Land und ein Haus in Paris und verkehrte offenbar, jedenfalls deutet er selbst es in seinem Buch an, mit Angehörigen des Adels.

Der erste Teil seines Werks ist der moralischen Erziehung gewidmet und wiederholt traditionelle Lehren und Exempel-Geschichtchen, wie sie damals in Umlauf waren; ganz ähnlich ist Chaucer in seinen *Canterbury Tales* verfahren. Überhaupt können die beiden Bücher, zur selben Zeit von Männern reiferen Alters, die derselben Gesellschaftsschicht angehörten, einander ausgezeichnet

28. So wie die hl. Barbara auf diesem Bild könnte auch die sehr junge Frau des Bürgers von Paris ausgesehen haben.

Der Bürger von Paris

Küchengeheimnisse des Mittelalters

Der Bürger von Paris

ergänzen und erhellen. Allerdings beschränkt sich der Ménagier anders als Chaucer nicht auf ironische Schilderungen und die Wiedergabe moralstrenger oder derber Geschichten, sondern er gibt seiner jungen Frau veritable Handlungsanweisungen für den Alltag. Er legt im einzelnen dar, wie Dienstboten und Lieferanten zu behandeln sind – selbst das Gesinde des Gutshofs wird eigens erwähnt –, wie mit dem Garten und seinem Ertrag zu verfahren ist, welche Pflanzen zu welchen Zwecken angebaut werden sollen etc. Er beschreibt große festliche Diners (nicht zur Nachahmung, nur zu interesselosem Wohlgefallen) und erklärt, was man beachten muß, wenn man auf den Märkten von Paris Köstlichkeiten wie Weißbrot und Waffeln, Gewürzmischungen und Fertigsoßen einkauft. Zu alledem liefert er auch noch eine Sammlung detailierter und höchst fortschrittlich anmutender Rezepte mit, die er aus anderen Büchern abgeschrieben hat.

In dieser Sammlung führt er zuerst dünne und dicke »potages« (im ursprünglichen Wortsinn verstanden: im Topf gekochte Speisen) auf, viele davon einfache Gemüsegerichte, andere jedoch sehr anspruchsvoll. Im folgenden schenkt er aber auch den Fischgerichten, dem Geflügel, Wild und anderem Fleisch die gebührende Beachtung, den Kompotten für die Fastenzeit, den Cremes, Gelees, Pastetchen und Pfannkuchen. Ein eigenes Kapitel ist Speisen und Getränken für Kranke gewidmet, ein anderes der Konservierung von Nüssen, Gemüse und Orangenschalen, die in der Zeit vom Johannistag (Nüsse) bis Allerheiligen (Karotten und Steckrüben) in Honig eingelegt werden konnten.

Zwar ist der Ménagier nicht frei von abergläubischen Vorstellungen, und er verfällt manchmal ein bißchen ins Pompöse, aber im Ganzen sind seine lebenskluge Bemerkungen zur Hauswirtschaft doch von einer soliden Vernünftigkeit durchdrungen, und aus seinen Instruktionen zum Umgang mit Mensch und Tier – nicht allein mit dem Vieh, sondern auch mit den in freier Natur lebenden Vögeln – spricht ein humaner, abgeklärter Geist. Sein Buch liefert uns einen so eindrücklichen und informativen Kommentar zum häuslichen Leben am Ende des 14. Jahrhunderts, wie wir ihn nur immer wünschen können.

29. Ein mittelalterlicher Markt.

Kohleintopf

FÜR SECHS PERSONEN

Caboches en potage. Nimm Kohlköpfe und viertle sie und siede sie in guter Brühe mit gehackten Zwiebeln und dem kleingeschnittenen Weißen von Lauchstangen. Und tu Safran dazu & Salz und würze es mit Poudre douce. (CI, IV 6)

600 g Weißkohl oder 700 g einer weniger festen, eher blättrig wachsenden Sorte

225 g feingehackte Zwiebeln

225 g Lauch (nur das Weiße), in dünne Ringe geschnitten

⅛ Teelöffel getrocknete Safranfäden

½ Teelöffel Salz

je ¼ Teelöffel gemahlener Koriander, Zimt und Zucker

850 ml Hühnerbrühe oder Gemüsebrühe

Der Bürger von Paris beschäftigt sich ausgiebig mit Kohl – angefangen bei den ganz jungen Frühlingspflänzchen, die man als Salat ißt, bis zu den Köpfen, die erst in der Frostperiode geerntet werden. Nur seinen Rat, Kohl den ganzen

KORIANDER

Der Bürger von Paris

30. *Verschiedene Küchenkräuter werden geerntet.*

Vormittag lang zu kochen, schlägt man am besten in den Wind: die heute verbreiteten Sorten würden das nicht vertragen.

Weißkohl in acht Teile schneiden und den Strunk im Inneren entfernen. Wenn eine blättrig wachsende Sorte verwendet wird, Stiele abschneiden und Blätter in Streifen schneiden. Zusammen mit Lauch und Zwiebeln in einen Suppentopf geben. Safran, Salz und Gewürze in die Brühe rühren. Den Kohl in der Brühe ca. 20 Minuten weichkochen.

Mit Weißbrotbröckchen und kleingeschnittenem gekochtem Schinken – Zugaben, die auch schon in mittelalterlichen Rezepten erwähnt werden – ein vollgültiges Hauptgericht.

»Geteiltes« Fischmus

VORSPEISE FÜR SECHS PERSONEN

Wie man Fischmortreux macht. Nimm Scholle oder frischen Kabeljau oder Wittling & siede ihn in klarem Wasser, & dann enthäute & entgräte ihn & drücke den Fisch in einem Tuch & stoße ihn in einem Mörser klein und mische ihn mit Mandelmilch & zerstoße Ingwer und Zucker zusammen & verteile den Fisch auf zwei Töpfe & färbe die eine Hälfte mit Safran & richte es in Schüsseln an, halb von dem einen & halb von dem anderen, & streue Ingwerpulver & Zucker auf die eine Hälfte und reinen Zucker auf die andere & gib es hin. (CI, III 26)

600 g enthäutetes Kabeljaufilet

Meersalz

125 g gemahlene Mandeln

2 Teelöffel Reis- oder Maisstärke

3 Eßlöffel dunkel gelbes Safranwasser oder Speisefarbe

½ Teelöffel gemahlener Ingwer

¾ Teelöffel Zucker

Ein solches »Mortreux«, eine Speise von musig pastenartiger Konsistenz, konnte aus Fisch oder Fleisch zubereitet werden. Bereits die Tatsache, daß es ein »dickes«, stark konzentriertes Gericht ist, zeigt an, daß es sich um ein Feiertagsessen handelt, selbst ohne Safran. Der Ausdruck »geteilt« meint: »in zwei Teile geteilt«, also zweifarbig. Der Ménagier schlug vor, die Paste aus Hühnerleber oder Rindfleisch zuzubereiten, aber das kam natürlich für einen »Fischtag« nicht in Frage.

Das Fischfilet in 575 ml Salzwasser gar pochieren. Fisch herausnehmen, 275 ml von dem Sud in eine Schüssel mit den Mandeln gießen.

Den Fisch zwischen Küchentüchern drücken und gut trockentupfen, dann in kleine Stückchen zerzupfen. Die festen Bestandteile in der »Mandelmilch«

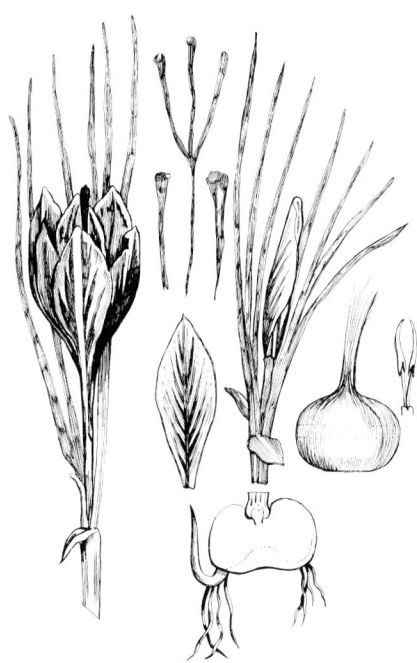

31. Safran verlieh den Gerichten eine prächtige goldene Farbe und eine Aura von Reichtum und Luxus.

abseihen, die Flüssigkeit zusammen mit den Fischstückchen in einen Mixer geben und pürieren. Nötigenfalls noch etwas Fischsud hinzufügen. In eine Schüssel geben.

In einem kleinen Topf Stärkemehl mit 3 bis 4 Eßlöffel Fischsud verrühren, auf kleinem Feuer erhitzen und eindicken lassen, in das Fischpüree rühren. Salzen.

Die Hälfte der Masse in eine zweite Schüssel geben und mit dem Safranwasser oder mit Speisefarbe färben. Ingwer und ¼ Teelöffel Zucker vermischen, den größeren Teil davon in die gefärbte Fischmasse rühren, der Rest aufbewahren für die Garnierung. Wenn Sie Ingwer gern mögen, können Sie ruhig etwas mehr davon nehmen.

Richten Sie das Mortreux in sechs flachen Schüsselchen an, in die Sie je eine Portion von der goldgelben und von der ungefärbten Mischung geben. Kaltstellen. Unmittelbar vor dem Servieren die restliche Ingwer-Zucker-Mischung auf die goldenen und ½ Teelöffel Zucker auf die weißen Hälften streuen.

Küchengeheimnisse des Mittelalters

Kapaun oder Hähnchen mit Eiern garniert

FÜR SECHS PERSONEN

Kapaun, quittengelb. Nimm Kapaune und brate sie bei rechter Hitze auf dem Rost, bis sie fast halb gar sind und haue sie in mundgerechte Stücke und gib sie in einen Topf; tu klare Brühe dazu. Siede sie, bis sie zart sind. Nimm Brot und dieselbe Brühe und tränke es damit; nimm Poudre forte und Safran und tu es dazu. Nimm Eier und koche sie hart; nimm die Dotter heraus und hacke das Weiße klein, nimm den Topf vom Feuer und tu das Weiße hinein. Fülle es in die Schüsseln und lege ganze Dotter obendrauf und würze es mit Nelken. (CI, I 24)

1 Kapaun oder großes Brathähnchen, 2,3 – 2,7 kg schwer

Hühnerfett oder Butter zum Bestreichen

850 ml Hühnerbrühe

¼ Teelöffel getrocknete Safranfäden

125 g weiche Weißbrotkrumen

Meersalz

je ¼ – ½ Teelöffel gemahlener schwarzer Pfeffer, Zimt und Ingwer

⅛ Teelöffel gemahlene Nelken

6 hartgekochte Eier

Der Ménagier meinte ganz entschieden, das Küchenpersonal in einem bürgerlichen Haushalt sei mit dem Füllen und Färben von Hühnern überfordert. Vielleicht hätte er dieses Gericht weniger schwierig gefunden.

Den Ofen auf 220 C (Gas Stufe 7) vorheizen. Die Brust des Vogels mit Fett bestreichen und 15 – 20 Minuten braten, bis die Haut braun wird. Etwas abkühlen lassen, dann entbeinen, wenn Sie wollen, auch enthäuten. Das Fleisch in mundgerechte Bissen schneiden. In der Brühe 25 Minuten zugedeckt auf

Der Bürger von Paris

32. Junges Mädchen beim Füttern der Hühner.

kleiner Flamme garkochen. Vorher von der Brühe 3 – 4 Eßlöffel abnehmen und Safran darin einweichen.

Brühe in einen sauberen Topf seihen und Safranflüssigkeit zugeben. Das Fleisch in einer Schüssel zugedeckt warmhalten. Brotbrösel mit Salz und Gewürzen in die Brühe geben und ein paar Minuten unter gelegentlichem Umrühren köcheln lassen.

Die Dotter vorsichtig von dem Eiweiß befreien. Eiweiße kleinhacken. Das Fleisch unter die heiße Soße heben und auf eine warme Servierplatte geben. Das Eiweiß außen um den Rand, die Dotter auf das Fleisch legen.

NELKEN

Kirschpotage

FÜR SECHS PERSONEN

Cerisye. Nimm Kirschen & entsteine sie & stoße sie fein & streiche sie durch ein Sieb & tu sie in einen Topf. & tu weißes Schmalz dazu oder süße Butter & Semmelbrösel & guten Wein & Zucker, & salze es & rühre es gut untereinander, & richte es an; und stecke Näglein de girofle hinein & streue Zucker darüber. (CI, III 33)

900 g frische reife rote Kirschen

350 ml Rotwein

175 g feiner Zucker

50 g Butter

225 g weiche Weißbrotkrumen

Salz

je nach Jahreszeit: kleine Nelkenblüten oder vergoldete Gewürznelken

grober weißer Zucker zum Darüberstreuen

Diese Kirschpotage war ein herrschaftliches Essen mit Wein und Weißbrot und kostbarem weißem Zucker. Zum Vergolden der Nelken kann man Wasserfarbe verwenden, aber beißen Sie nicht auf das Gewürz; es betäubt die Geschmacksknospen.

Kirschen waschen und entsteinen. Die Früchte mit 150 ml Wein und der Hälfte des Zuckers im Mixer pürieren, nötigenfalls noch etwas Wein zusätzlich dazugeben. Die Butter in einem Topf zergehen lassen, Kirschpüree, Brotkrumen, restlichen Wein und Zucker sowie eine Prise Salz zugeben. Unter ständigem Rühren köcheln lassen, bis die Masse sehr dickflüssig ist. In eine Servierschüssel füllen und abkühlen lassen. Wenn es erkaltet ist, Rand mit Blüten oder Gewürznelken dekorieren und über die Mitte etwas groben Zucker streuen.

Ein sehr hübsches Gericht, mit dem die junge Hausfrau Eindruck machen kann.

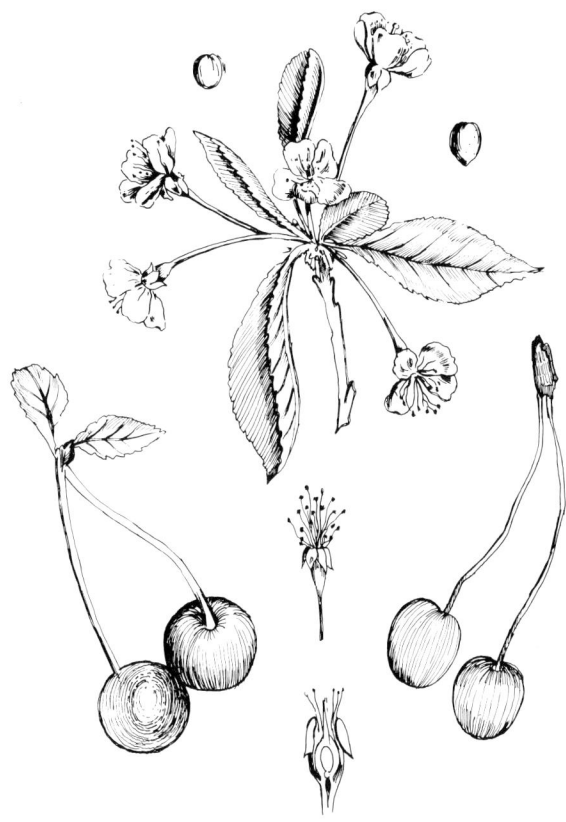

33. Schwarze und rote Kirschen wuchsen wild im Überfluß.

Sauer eingelegtes Gemüse

ERGIBT 2,3 KG

Composte. Nimm Wurzeln von Petersilie, Pastinak, Rettich, schabe und wasche sie sauber. Nimm Rüben & Kohl, geputzt und geschnitten. Nimm einen irdenen Topf mit klarem Wasser & stelle ihn aufs Feuer. Tu alles dies hinein. Wenn es fast gar ist, tu Birnen dazu & und siede sie kurz, bis sie gar sind. Nimm alle die Sachen heraus und laß sie auf einem reinen Tuch abkühlen. Wenn es kalt ist, gib Salz dazu, lege es in ein Gefäß; nimm Essig & Poudre & Safran & gib es dazu & laß alles über Nacht oder den ganzen Tag lang stehen. Mische griechischen Wein & klaren Honig, nimm lombardischen Senf & ganze Weinbeeren aus Korinth & gestoßenen Zimt, Poudre douce & ganzen Anis & ganze Fenchelsamen. Nimm alles & tu es in einen irdenen Topf, & nimm davon, wann du willst, & trage es auf. (CI, IV 103)

900 g Wurzelgemüse: Petersilienwurzel, Karotten, Rettich und weiße Rüben

450 g Weißkohl

450 g harte Tafelbirnen

6 Eßlöffel Salz

1 Teelöffel gemahlener Ingwer

½ Teelöffel getrocknete Safranfäden

425 ml Weißweinessig

50 g Korinthen

575 ml fruchtiger Weißwein

6 Eßlöffel klarer Honig

1 Teelöffel Dijon-Senf

je ⅛ Teelöffel gemahlener Zimt und schwarzer Pfeffer

je ¼ Teelöffel Anis und Fenchelsamen

50 g Zucker

34. Die Haushälterin bringt ihrem Lehrmädchen bei, wie man mit Wein umgeht. Auch die Konservierung von Lebensmitteln in Essig gehört zum Lehrstoff.

Beim Bürger von Paris finden sich Einmachrezepte für Walnüsse sowie allerlei Gemüse und Früchte aus eigener Produktion, aber er konservierte alles und jedes in Honig – mit verheerenden Folgen für die Gebisse seiner Hausgenossen vermutlich. Das Rezept oben kommt den heutigen Gewohnheiten wesentlich näher.

Die Wurzeln putzen und in dünne Scheiben schneiden. Die Kohlblätter in Streifen schneiden. Das Gemüse in einem Topf mit Wasser langsam erhitzen. Birnen schälen, Kernhaus entfernen, in Schnitze schneiden, in den Topf geben und kochen, bis sie anfangen weichzuwerden. Abgießen, Gemüse und Früchte in einer etwa 5 cm starken Schicht in einer großen flachen Schüssel (nicht aus Metall) ausbreiten. Mit Salz, Ingwer und Safran bestreuen, 4 Eßlöffel von dem

Essig darüberträufeln. 12 Stunden zugedeckt stehen lassen. Korinthen gründlich waschen und daruntermischen. In sterilisierte Gläser füllen; es sollte oben etwa zwei Fingerbreit Raum bleiben.

Wein und Honig zum Kochen bringen, Schaum abschöpfen. Den restlichen Essig, die Gewürze und den Zucker zugeben. Auf kleinem Feuer – die Flüssigkeit soll nicht kochen – rühren, bis sich der Zucker aufgelöst hat. Noch einmal aufkochen lassen und über die Pickles gießen, bis sie 1 cm hoch mit Flüssigkeit bedeckt sind. Luftdicht verschließen und in die Speisekammer stellen.

Pilzpastetchen

Für sechs Personen

Pilze von einer Nacht sind die besten, wenn sie klein und innen rötlich und die Kappen geschlossen sind. Und man soll sie häuten und mit heißem Wasser waschen und blanchieren, und wenn man eine Pastete daraus machen will, Öl, Käse und Gewürzpulver dazutun. (MP)

450 g Mürbteig

450 g kleine Champignons

Salz

2 Teelöffel Olivenöl

50 g Cheddar, gerieben

½ Teelöffel Salz

⅛ Teelöffel frisch gemahlener schwarzer Pfeffer

¼ Teelöffel gemahlene Senfsamen

1 Ei, geschlagen

Mit zwei Drittel von dem Teig tiefe Backförmchen oder feuerfeste Schüsselchen auskleiden. Kaltstellen, während Sie die Füllung machen. Die Backröhre auf 200° (Gas Stufe 6) vorheizen.

Der Bürger von Paris

Das untere Ende der Strünke abschneiden. Die Pilze in einem Sieb in kochendes Salzwasser tauchen und blanchieren. Herausnehmen, trockentupfen, blättrig schneiden oder kleinhacken. In eine Schüssel geben, mit Öl, Käse und Gewürzen vermengen. Die Masse in die Formen füllen. Den restlichen Teig ausrollen und Deckel für die Pasteten ausschneiden. Vor dem Auflegen der Deckel Ränder der Pasteten oben mit Ei bestreichen. Pasteten mit Teigornamenten dekorieren und mit Ei bestreichen. In der Mitte ein kleines Kreuz einschneiden.

Die Pastetchen 15 – 18 Minuten backen. Heiß servieren.

Zu Hause ließ ein Mann wie der Ménagier gewiß eine große Pastete mit zweierlei Teig auftragen, aber wenn er aufs Land fuhr, um auf seinem Gut nach dem Rechten zu sehen, nahm er wohl eher kleine Pastetchen als Reiseproviant mit. Sie können auch eine einzige flache Pastete in einer Springform mit 23 cm Durchmesser machen.

35. »Pilze von einer Nacht sind die besten.«

5

TAFELFREUDEN UND TISCHMANIEREN

Im späteren Mittelalter war es üblich, Kinder aus adeligen Familien zur Erziehung an fremde Höfe zu schicken. Die künftigen Erben großer Güter wurden im Haushalt eines hohen weltlichen oder geistlichen Herrn, wo man auch an gewöhnlichen Tagen in festlich zeremoniellem Rahmen speiste und aufwartete, mit höfisch feinen Sitten vertraut gemacht.

Unter der fachmännischen Anleitung von Leuten wie etwa John Russell, dem Hofmarschall des Herzogs Humphrey von Gloucester, lernten die adeligen Pagenschüler alles, was zu den Pflichten eines Leibdieners gehörte: den Herrn baden und anziehen, Speisen auftragen und beim Mahl bedienen. Sie wurden in die Kunst des Tranchierens, aber auch ins Waffenhandwerk eingeführt, und natürlich waren Tischmanieren in einer Zeit, da, zumindest an den unteren Tischen, immer mehrere gemeinsam aus einer Schüssel aßen, unverzichtbar. Die jungen Herren mußten außerdem lernen, wie man ein Menü plant, wie man den Tisch deckt, und sogar Kenntnisse der Diätetik wurden vermittelt, wie diese Verse zeigen:

> Butter tut dem Leib gut, früh und spät,[1]
> denn sie beruhigt den Magen und hilft, Gifte loszuwerden,
> auch öffnet sie den Leib, so daß üble Säfte abfließen,
> und schmeckt köstlich mit weißem Brot.
> Milch, Rahm, Quark und Rosencreme
> verschließen den Magen und behindern die Verdauung;
> iß harten Käse[2] hinterher, wenn du spät zu Abend speist,
> und trink geharzten Wein gegen Verstopfung.

---

[1] Meint: »jung und alt« oder: »morgens und abends«
[2] Aber: »Käse schließt den Magen« behaupten im Gegenteil andere Gelehrte.

Tafelfreuden und Tischmanieren

36. *Unterrichtsstunde in Gesundheitslehre.*

Diese Lehrzeit, die der Nachwuchs des Adels im Dienst großer Herrn zubrachte, war eine gute Vorbereitung für das Leben, das diese jungen Leute erwartete. Sie lernten nicht nur höfisches und gastfreundliches Betragen, sondern auch, einen großen Haushalt zu leiten und mit Untergebenen umzugehen. Wir kennen diesen Typ mittelalterlicher Erziehung besser als jeden anderen, weil wir sehr gewissenhaft geführte Aufzeichnungen dazu besitzen, und zwar in Gestalt jener handschriftlich überlieferten Texte, die unter dem Namen *Babees Book* veröffentlicht sind. Es war freilich nicht der einzig mögliche Bildungsgang.

Küchengeheimnisse des Mittelalters

37. »Tatzen«, eine Schulstrafe mit langer Tradition.

Manche Kinder aus vornehmer Familie wurden daheim von Hauslehrern oder Gouvernanten erzogen, und es gab auch schon kirchliche »Internatsschulen«: Knaben, die von ihren Eltern der Kirche »geschenkt« wurden oder die aus irgendeinem Grund nicht zu Hause erzogen werden konnten, wuchsen bisweilen im Kloster auf, bis sie alt genug waren, um selbst zu entscheiden, ob sie sich zum geistlichen Stand berufen fühlten. Wenn sie diese Laufbahn einschlagen wollten, bestand die Chance, daß man sie zum Studium nach Oxford schickte.

Es kam durchaus vor, daß mittellose Mädchen als »dienende« Schwestern, die Handarbeit verrichteten, im Kloster blieben. Aber die meisten der »Internatsschülerinnen« waren reiche Waisen, die von ihren Vormündern in klösterliche Obhut gegeben worden waren, damit sie dort eine durchaus der Welt zugewandte standesgemäße Erziehung erhielten.

Zu Haus mußten Mädchen von Stand mindestens ebensogut wie die Knaben über den sozialen Stellenwert der verschiedenen Speisen Bescheid wissen, darüber, wem wovon wieviel vorzulegen war. Sie lernten auch, wann man Fisch servierte und daß der höfische Brauch forderte, Almosen von den Resten der Tafel zu geben, und sie mußten sich auf dem Gebiet der Vorratshaltung, der Konservierung von Speisen und Getränken, Gewürz- und Heilkräutern, auskennen. Die mehr publikumswirksamen Künste waren den Knaben vorbehalten; sie konnten etwa ihre Geschicklichkeit beim Tranchieren zur Schau stellen oder ihren Sinn für diätetische Feinheiten demonstrieren, wenn sie zum Abschluß des Mahls Käse reichten.

Erbsenpotage

Für sechs Personen

*Püree von Erbsen. Nimm Erbsen und siede sie gut und decke sie zu,
bis sie aufplatzen; dann nimm sie heraus und streiche sie durch ein Tuch.
Nimm Zwiebeln und hacke sie und siede sie in derselben Brühe mit Öl darin;
tu Zucker, Salz und Safran dazu und siede es gut und gib es hin.*
(CI, IV 71)

1,1 l Wasser

700 g grüne Erbsen, gepalt

350 g feingehackte Zwiebeln

1 ½ Eßlöffel Öl

¼ Teelöffel gemahlene getrocknete Safranfäden
in 4 Eßlöffel kochendem Wasser

1 – 1 ½ Teelöffel brauner Zucker

1 Teelöffel Meersalz

Dieses Gemüsepüree wurde wohl oft in der vorösterlichen Fastenzeit serviert, wenn man die restlichen Wintervorräte an getrockneten weißen Erbsen aufbrauchte. Ich schließe dies aus der Tatsache, daß Zwiebeln hinzugefügt wurden, um dem Gericht mehr Geschmack zu geben, und daß man es mit Safran färbte. Es ließ sich aber auch aus grünen Erbsen zubereiten, die aromatischer waren als die Sorten, mit denen wir uns behelfen müssen. Wenn Sie wollen, können Sie den Safran auch weglassen.

Die Erbsen zusammen mit den Zwiebeln und dem Safran in kochendes Wasser geben. Auf kleiner Flamme die Erbsen weichkochen. Das Gemüse mit beliebig viel von der Flüssigkeit im Mixer pürieren. Noch einmal erhitzen und 6 – 7 Minuten simmern lassen, abschmecken. Als Suppe oder als mehr oder weniger breiiges Püree servieren – im Mittelalter galt die Regel: Je dicker, desto besser.

38. Auf mittelalterlichen Bildern wird selbst das Essen beim Letzten Abendmahl an einem Büfett angerichtet.

Tafelfreuden und Tischmanieren

Geschmortes Rindfleisch

Für sechs Personen

Geschmortes Rindfleisch. Nimm ein schönes Rippenstück von frischem Rindfleisch. Und brate es (wenn du willst) auf dem Rost nicht ganz gar; dann tu es in einen reinen Topf; gib Petersilie und kleingehackte Zwiebeln dazu, Weinbeeren aus Korinth, feinen Pfeffer, Zimt, Nelken, Sandel, Safran und Salz; dann gib Wein dazu und ein bißchen Essig; leg einen Deckel auf den Topf und laß es auf guter Holzkohle schmoren, bis es gar ist; dann lege das Fleisch in Schüsseln und tu die Sauce daüber. Und gib es hin. (Harl. 4016, S. 72)

900 g Rollbraten aus Rinderrippe zum Schmoren

Bratenfett oder anderes Fett zum Bestreichen

2 Eßlöffel gehackte Petersilie

2 mittelgroße Zwiebeln, kleingehackt

2 Eßlöffel Korinthen

1 Teelöffel schwarze Pfefferkörner

½ Teelöffel gemahlener Zimt

¼ Teelöffel gemahlene Nelken

3 – 4 Wacholderbeeren oder 2 frische Lorbeerblätter

1 Prise gemahlene getrocknete Safranfäden

1 Teelöffel Meersalz

275 ml Rotwein

2 Teelöffel Rotweinessig

Das war ein Stück Fleisch, an dem ein Neuling gut das Tranchieren üben konnte. Den Herd auf 190° (Gas Stufe 5) vorheizen. Das Fleisch mit Fett einstreichen und auf einem Rost mit Fettpfanne 40 Minuten braten. Zusammen mit dem Bratensaft in einen Topf geben, Fleisch mit Petersilie, Zwiebeln, Korinthen, Gewürzen und Salz bedecken, Wein und Essig an der Seite dazugießen. Mit Deckel

45 Minuten lang auf kleiner Flamme oder in der Röhre bei 160° (Gas Stufe 3) schmoren. Fleisch auf einem Brett aufschneiden. Soße durchseihen und über das Fleisch geben.

39. *Ein Pagenschüler, der das Tranchieren lernt, legt seine Arbeit zur Begutachtung dem Ausbilder vor.*

Lasagne mit Käse

FÜR SECHS PERSONEN

Losanges. Nimm gute Brühe und tu sie in einen irdenen Topf. Nimm feines Semmelmehl und mach daraus mit Wasser einen Teig und mach daraus mit einem Nudelholz papierdünne Blätter; trockne sie hart und siede sie in der Brühe. Nimm geriebenen groben Käse und tu ihn mit Poudre douce in Schüsseln und lege gekochte Teigplatten in einer geschlossenen Schicht darüber und darüber wieder Poudre und Käse und so noch zwei- oder dreimal, und gib es hin. (CI, IV 50)

9 – 10 Platten Lasagne-Nudeln aus weißem Mehl

1,7 l Rindfleisch- oder Hühnerbrühe oder Wasser

Butter zum Einfetten

gemahlene Muskatblüte und Kardamom oder Zimt und etwas weißer Peffer

175 g vollfetter Hartkäse, gerieben

Tafelfreuden und Tischmanieren

Manche schätzten vermutlich dieses Gericht als geradezu idealen letzten Gang eines Mahls, weil es geeignet war, die Wirkung des Alkohol zu bremsen, den die jungen Leute nur allzu oft unmäßig in sich hineingossen. Man kann die Nudeln für dieses einfache vegetarische Gericht, das eine vollwertige Mahlzeit ergibt, selbst herstellen, wie es die Köche des Mittelalters taten, aber fertig gekaufte Lasagne tut es auch.

Nehmen Sie eine rechteckige oder ovale Auflaufform. Die Fläche sollte groß genug sein, daß sie nicht mehr als drei Lagen zu machen brauchen. Wenn die Form zu klein ist, so daß sie höher schichten müssen, wird es wahrscheinlich schwierig, sechs Portionen zu schneiden und sauber herauszuheben.

Nudeln in der Brühe oder dem Wasser auf drei- oder viermal weichkochen. Die fertigen Teigplatten mit einem Spatel oder zwei Gabeln herausheben und auf einem feuchten Küchentuch nebeneinander auslegen.

Die Auflaufform buttern. Etwas von den Gewürzen hineinstreuen, dann ein Viertel von dem Käse auslegen. Mit einer Schicht Pasta belegen; wenn nötig, Teig paßgenau zuschneiden. Danach noch zweimal Gewürze, Käse und Nudeln schichten, zuoberst das letzte Viertel Käse mit Gewürzen. In der Röhre erhitzen, bis der Käse geschmolzen ist.

40. Ein junger Edelmann beim Käsehändler.

Schweinefleischröllchen

ETWA 24 STÜCK, FÜR SECHS PERSONEN

Tartelettes. Nimm gesottenes Schweinefleisch und hacke es fein mit Safran,
mische Eier und Weinbeeren aus Korinth dazu und Poudre forte und Salz;
und mach ein Blatt aus Teig und schließe die Farce darin ein.
Gib die Tartelettes in einen Topf mit klarem kochendem Salzwasser.
Und nimm von dem reinen Fleisch ohne Eier und koche es in guter Brühe.
Tu Poudre douce dazu und Salz und richte die Tartelettes
in Schüsseln an und gieße die Brühe dazu. (FC. Antiq. Cul. 50.)

700 g mageres gekochtes Schweinefleisch ohne Knochen und Schwarte

½ Teelöffel Salz

40 g Korinthen

Gewürzmischung Poudre forte: ⅓ Teelöffel gemahlener Kümmel,
je ⅛ Teelöffel gemahlener schwarzer Pfeffer und gemahlener Ingwer

1 Eigelb

2 Eiweiß

6 – 8 Scheiben griechischer Blätterteig (Phyllo, s. S. 66)
oder Strudelteig

FÜR DIE SOSSE:

575 ml kräftige Hühnerbrühe

Gewürzmischung Poudre douce: ⅛ Teelöffel gemahlener Koriander,
je eine Prise gemahlener Zimt und brauner Zucker

Das Schweinefleisch kleinhacken und 225 g beiseitestellen. Den Rest in einer Schüssel mit Salz, Korinthen, Poudre forte und dem Eidotter vermengen.
Die aufgetauten Teigplatten in einem Stapel aufeinanderlegen. Die Eiweiße mit einer Gabel schlagen und die oberste Platte dünn damit bestreichen. Den Teig der Länge nach in 7,5 cm breite Streifen schneiden. Auf das Ende eines Streifens einen knappen Teelöffel Fleischfüllung geben und den Teig aufrollen.

Tafelfreuden und Tischmanieren

41. Mit Wasser verdünnter Wein wird eingeschenkt.

Die Enden zusammendrücken und so fest verschließen. Auf diese Weise verfahren, bis die Füllung aufgebraucht ist.

Die gefüllten Teilchen, immer mehrere auf einmal, in Salzwasser auf kleiner Flamme 5–7 Minuten kochen, dann herausnehmen und trockentupfen. Man kann sie statt dessen auch, mit Eiweiß bestrichen, 10–12 Minuten im auf 200° (Gas Stufe 6) vorgeheizten Herd backen und dann als Häppchen ohne Soße servieren. Die gekochten Röllchen haben eine leicht schlabbrige Konsistenz und brauchen eine Soße. Man ißt sie am besten als Vorspeise oder als Hauptgang.

Wenn Sie sich für die gekochte Version entscheiden, lassen Sie die Brühe mit dem restlichen Fleisch und der Gewürzmischung einige Minuten köcheln, erhitzen Sie die Röllchen darin und tragen Sie auf.

Küchengeheimnisse des Mittelalters

Pochiertes Geflügelfleisch mit Speck und »Preßsack«

FÜR SECHS PERSONEN

Stopf den Kapaun mit Petersil,
Mit Bohnenkraut, Ysop, nicht zuviel;
Dann nimm den Hals, doch ohne Knochen
Daraus sollst du 'nen Preßsack kochen
Mit kleinem Brot und einem Ei,
Gehackte Leber und Herz mit dabei …
Mit Salbei, Bohnenkraut, Petersil,
Und Ysop koch ihn, nicht zuviel! …
Leg drum herum Speck ohne Fehl,
Die Brüh macht teurer Safran gel …
(Mrs. Groundes-Peace's Old Cookery Notebook)

1,8 kg Kochgeflügel mit Hals und Innereien

2 Eßlöffel gehackte frische Kräuter: Bohnenkraut, Petersilie, Ysop und Salbei

Salz und Pfeffer

700 g Speck am Stück

425 ml trockener Cidre

Kräuter zum Garnieren

FÜR DEN »PRESSACK«:

Hals, Leber und Herz des Vogels

1 Teelöffel Kräuter wie oben

Salz und Pfeffer

8 Eßlöffel weiche Weißbrotkrumen

1 geschlagenes Ei

Ein billiges und einfaches Gericht, an dem Pagenlehrlinge das Tranchieren von Geflügel üben konnten.

Bitten Sie einen freundlichen Geflügelhändler, Ihnen ein Huhn oder anderes Geflügel mit Innereien und dem unversehrten Hals in voller Länge zu liefern. Die Kräutermischung hacken, einen Eßlöffel voll beiseitestellen. Den Rest leicht salzen und pfeffern und den Vogel damit füllen, anschließend die Körperöffnung zunähen oder zustecken. Den Vogel dressieren und auf einem Gitter oder Rost in einen Schmortopf legen.

Die Haut vom Hals des Tiers abstreifen, ohne sie zu verletzen. Leber und Herz kleinhacken und mit der Hälfte der übrigen Kräuter und den Brotkrumen mischen. Pfeffern und salzen. Das Ei unterrühren. Die Masse in die Haut stopfen, nicht zu fest, weil das Brot sich noch ausdehnt. Die Enden wie bei einer Wurst zubinden. (Wenn Sie keine Haut zur Verfügung haben, können Sie sich damit behelfen, daß Sie aus der Farce Bällchen formen und diese backen oder in Öl braten.)

Den Cidre mit 425 ml Wasser mischen, nicht ganz bis zum Siedepunkt erhitzen und in den Schmortopf gießen. Unter gut schließendem Deckel den Vogel 2–2½ Stunden auf leisem Feuer garen. Den Speck nach 30 Minuten zugeben, den gefüllten Hals weitere 15 Minuten später. Wenn nötig, kochendes Wasser nachgießen.

Nach zwei Stunden eine Keule an der dicksten Stelle anstechen und prüfen, ob das Fleisch durch ist; es sollte klarer Saft herauslaufen. Ein kleinerer Vogel dürfte nach dieser Zeit gar sein, ebenso der Speck. Speck und Hals herausnehmen und 10–15 Minuten ruhen lassen. Dann beide Stücke in Scheiben schneiden, mit denen der fertige Vogel umlegt wird. Vor dem Servieren einige Blättchen von den Kräutern über das Geflügel streuen.

Kuchen mit Sahnefüllung

Für sechs Personen

Doucettes. Nimm eine gute Tasse Rahm und tu ihn in ein Sieb, dann nimm Eidotter und tu sie dazu und ein bißchen Milch, dann seihe es durch ein Sieb in eine Schüssel; dann nimm genügend Zucker und tu ihn dazu oder, wenn du keinen Zucker hast, kräftigen Honig und färbe mit Safran; dann nimm dünne Teigtörtchen und stelle sie in den Backofen und laß sie hart werden; dann nimm ein Gefäß, befestige es am Ende des Brotschiebers und gieße die dünne Mischung hinein und gieß es von dort in die Törtchen, und wenn sie gut aufgegangen sind, nimm sie heraus und gib sie hin. (Harl. 279, S. 50.)

Gemahlene getrocknete Safranfäden

Mürbteig aus 225 g Mehl, 65 g Butter, 40 g Schweineschmalz und etwas kaltem Wasser

6 Eigelb

350 ml Sahne

125 ml Milch

65 g Zucker

¼ Teelöffel Meersalz

Diese Version des alten Rezepts ist mir zuerst im *Babees Book* aufgefallen; die Süßspeise scheint mir genau das Richtige für die jungen Leute zu sein, an die sich dieses Lehrbuch wendet. Es gibt noch eine üppigere Variante mit Mandelmilch für »Fischtage« außerhalb der vorösterlichen Fastenzeit.

Den Safran in 2 Eßlöffel Wasser einweichen, bis die Flüssigkeit dunkel gelb gefärbt ist. Springform (20 cm Durchmesser) mit Teig auslegen, der Rand sollte 5 cm hoch sein. Mit einer »Blindfüllung« aus getrockneten Bohnen bei 200° (Gas Stufe 6) 15 – 20 Minuten backen, dann die Bohnen herausnehmen, Hitze auf 160° (Gas Stufe 3) reduzieren und noch etwa 6 – 8 Minuten backen, bis der Teig trocken und fest ist.

Tafelfreuden und Tischmanieren

42. *Aus der Milch von Ziegen und Schafen wurde Käse und Butter hergestellt.*

Die Eigelbe schlagen, dann mit dem Schneebesen Sahne, Milch, Zucker, Safranwasser und Salz einrühren. Die Füllung auf den Mürbteigboden geben und bei 160° (Gas Stufe 3) etwa 45 Minuten (bis die Masse in der Mitte fest ist) backen. Warm servieren.

Sie können auch kleine Törtchen machen. Die im Rezept angegebene Menge Teig ergibt 6 Stück mit 7,5 cm Durchmesser. Als Füllung benötigen Sie dafür zwei Drittel der angegebenen Ei-Sahne-Mischung.

6

AM HOF
VON RICHARD II.

Der Hof Richards II. bestand keineswegs aus bloßen Administratoren der Regierungsgewalt, und seine Bedeutung beschränkte sich nicht auf die eines gesellschaftlichen Rahmens um den König. Während der langen Regierungszeit von Richards Großvater war die königliche Entourage zu einer Machtelite geworden, die ganz bestimmte neue Verhaltensweisen und Wesenszüge mit gleichartigen Eliten in Neapel, Paris und anderswo in Europa gemeinsam hatte. Es war eine enorm privilegierte Klasse entstanden, deren Angehörige sich durch einiges Raffinement in Dingen des Geschmack auszeichneten und großen politischen Einfluß hatten.

Diese Elite leistete sich materiellen Luxus. Die Mode in der Kleidung wie auch an der Tafel gewann gesellschaftliche und somit auch politische Bedeutung, weil der junge gutaussehende König Richard großen Wert darauf legte. Er war verrückt nach schönen Kleidern und gab ein Vermögen dafür aus. Er besaß eine Unmenge farbenprächtiger, mit kostbaren Pelzen besetzter, mit Edelsteinen und Stickereien geschmückter Mäntel und Gewänder.

Man rühmte ihn aber auch als den »besten lebenden Viandier unter allen Königen der Christenheit«, also den, der am besten mit dem Tranchiermesser umgehen konnte, und als den gastfreundlichsten. Er war der erste große Herr, der ein mehr oder weniger umfassendes Kochbuch in englischer Sprache in Auftrag gab, ein wahrhaftes Luxuskochbuch nach den Mengen von Wein und Safran zu urteilen, welche die Rezepte vorschreiben.

Mit dem Modebewußtsein ging die Lust am Neuen, das Verlangen nach Abwechslung einher. Die Kleider wurden immer farbiger und manieristischer und ebenso die Speisen. Die Gerichte an der königlichen Tafel wurden mit Safran prächtig golden gefärbt oder mit bunten Streifen- und Schachbrettmustern verziert. Exzentrische Fleischgerichte kitzelten die höfischen Gaumen, etwa seltsame aus Spanferkel und Kapaun komponierte Zwitterbraten. Die

Am Hof von Richard II.

43. Höfisches Festmahl: Der Hofmarschall gebietet Schweigen – ein Prunkgericht wird hereingetragen.

spektakulären Prunkspeisen, die man bei Festmählern zwischen den Gängen durch den Saal trug, wurden immer gigantischer, die Köche schufen hochkomplizierte Skulpturen aus Zucker und Marzipan. Hollingshead behauptet in seiner Chronik, Richard habe nicht weniger als 2000 Köche beschäftigt. Das ist wohl eine Phantasiezahl, aber unbestritten ist doch, daß der kulinarische Luxus am Königshof legendär war.

Auch die Sitten entwickelten sich extravagant. Es gehörte bald zum guten Ton, idealisiertes höfisches Leben, so wie es in der schönen Literatur geschildert wurde, nachzuspielen, eine unerreichbare Geliebte anzubeten, der man ewige Treue schwor – und an diesem Hof des neuen Typs gab es eine Menge hoher Damen, die sich für diese Rolle anboten und die beträchtlichen Einfluß bei der Vergabe aller möglichen kleinen oder großen Gunstbeweise hatten.

Die Allgegenwart der Damen förderte die Ausbildung von höfischen und höflichen Umgangsformen in allen Lebensbereichen, bei Tanz und Gesang und anderen Vergnügungen wie etwa der Beizjagd. Tischmanieren wurden zum Gegenstand rigider Regelungen, und parallel zu Richards Kochbuch *The Forme of Cury* entstanden Benimmbücher auf englisch. Die Tischsitten der Höflinge Richards ließen nichts zu wünschen übrig – in Dingen der Politik freilich verfuhren diese Leute weit weniger skrupulös.

Küchengeheimnisse des Mittelalters

44. Ein hoher Herr, der Duc de Berry, heißt prächtig gekleidete Gäste aus dem geistlichen Stand an seiner Festtafel willkommen.

König Richards ganze Kindheit war von dem Erlebnis geprägt gewesen, wie seine Onkel und ihre Anhänger einander ständig bekämpften, um die Herrschaft über seine Person und den Hof und so über das ganze Reich zu gewinnen. Das war wohl einer der Gründe, weshalb er, als er dann selbst an die Macht kam, danach strebte, diesen Hof größer und großartiger zu machen als je zuvor. Aber er tat es auch deswegen, weil er ganz einfach all den Glanz und die Herrlichkeit genoß, die soziale Harmonie der romantischen Freundschaften, die prächtigen Gewänder, die er tragen konnte, und nicht zuletzt die luxuriösen Speisen, die man ihm auftischte.

Am Hof von Richard II.

Buknade (Potage)

FÜR SECHS PERSONEN

Buknade. Nimm Kalbfleisch, Kitz oder Huhn und koche es in klarem Wasser oder aber in guter, frischer Brühe und haue es in Stücke und hacke es klein; und gieße die Brühe durch ein Sieb. Und gib Petersilie, Ysop, Salbei, Muskatblüte und Nelken dazu und laß es kochen, bis das Fleisch gar ist; und dann nimm es vom Feuer und legiere es mit rohen Eiern und tu fein gestoßenen Ingwer dazu und Verjus & ein bißchen Safran und Salz und schmecke es ab und trag es hin. (Harl. 4016, S. 85)

je 2 – 3 Stengel Petersilie und Ysop

2 – 3 Salbeiblätter

1,1 l Hühnerbrühe
je eine gute Prise gemahlene Muskatblüte, gemahlene Nelken, gemahlene getrocknete Safranfäden und Salz

350 g gekochtes Hühnerfleisch ohne Haut,
in dünne Scheibchen geschnitten

3 – 4 Eigelb (je nachdem, wie flüssig oder dickflüssig das Gericht sein soll)

½ – 1 Teelöffel Obst- oder Weißweinessig

weißer Pfeffer und gemahlener Ingwer nach Belieben

Blättchen von den Kräutern abzupfen und feinhacken. Zusammen mit der Brühe, Muskatblüte, Nelken, Safran und Salz in einen Topf geben. Bis knapp zum Siedepunkt erhitzen. Mit dem kleingeschnittenen Fleisch simmern, bis es heiß ist. Die Eidotter mit etwas von der Brühe flüssig schlagen, in den Topf geben und auf kleinstem Feuer verrühren, bis die Flüssigkeit etwas eindickt. Essig, Pfeffer und Ingwer zugeben.

Als Suppe oder als eher dickflüssiges Eintopfgericht servieren.

Varianten:

Statt Huhn kann man auch Kalb oder Zicklein verwenden, statt gekochtem

Fleisch auch rohes. Indes bietet das Rezept doch eine wunderbare Möglichkeit, Reste von gekochtem Fleisch schmackhaft zu verwerten – warum also sollte man sich die Mühe machen, rohes Fleisch umständlich kleinzuschneiden?

45. Für dieses Luxusgericht läßt sich am einfachsten Hühnerfleisch verwenden.

Gebratener Fasan

Für sechs Personen

Faisan rôti. Laß einen Fasan aus dem Schnabel zu Tode bluten und rupfe ihn und nimm ihn aus und schneide den Hals dicht am Körper ab und die Beine an den Knien und blanchiere ihn und belege ihn mit Speck und stecke ihm die Knie in die Bauchhöhle; und brate ihn auf dem Rost & setze ihn aufrecht hin, Beine und Flügel wie bei einer Henne; ohne Würze, nur Salz. (Douce 55, S. 116)

2 junge Fasane

2 Eßlöffel Butter

2 kleine Schalotten

2 Scheiben durchwachsener Speck

etwas Mehl mit Pfeffer und Salz zum Darüberstäuben

Meersalz

Am Hof von Richard II.

Wir heute sind etwas zivilisierter als unsere Vorfahren, zumindest was das Fasanentöten angeht, aber im übrigen verfahren wir bei der Zurichtung der Vögel ziemlich gleich. Den Herd auf 200° (Gas Stufe 6) vorheizen. Ins Innere jedes Fasans eine Schalotte und 1 Eßlöffel Butter geben, die Brust mit einem Streifen Speck abdecken. Jeden Vogel in Folie hüllen und nebeneinander auf den Rost mit Fettpfanne legen. 30 Minuten braten. Dann die Vögel herausnehmen, Folie entfernen, mit der Mehlmischung leicht einstäuben, mit Bratensaft übergießen und noch einmal etwa 10 Minuten goldbraun braten. Dazu nur grobes Salz in kleinen Schälchen oder Eierbechern reichen.

Würzsoßen für Wildgeflügel

Bisweilen servierte man zu Wildgeflügel Würzsoßen oder -pasten, zu Fasan etwa eine Art Senf mit sirupartiger Konsistenz, der aus weißem Zucker, Senfmehl und Essig angerührt wurde. Gegrillten Kranich aß man mit einer Paste aus Pfeffer, Ingwer, Senfmehl und Essig, zu Tauben wurde eine Würzmischung aus Petersilie, Zwiebeln, Knoblauch und Essig empfohlen.

Möglicherweise wurden diese und anderen Würzsoßen nur zu Fleisch gereicht, das nicht frisch vom Rost kam, das also von einer früheren Mahlzeit übriggeblieben war oder aus irgendeinem besonderen Grund – etwa um es vor dem Verderben zu bewahren – im voraus zubereitet worden war, denn in fast allen diesen Rezepten wird vorausgesetzt, daß das Fleisch bereits zerkleinert ist.

46. Fasane wurden als Haustiere in Gehegen gehalten und für die Tafel gemästet.

Küchengeheimnisse des Mittelalters

»Gebratener« Lachs mit Weinsoße

FÜR SECHS PERSONEN

Saumon rôti en sauce. Nimm einen Lachs und schneide ihn schön auf ohne Gräten etc., und brate die Stücke auf einem Rost; Und nimm Wein und Zimtpulver und seihe es durch; Und nimm kleingehackte Zwiebeln und gib sie dazu und laß sie kochen; Und dann nimm Essig oder Verjus und gestoßenen Ingwer und gib es dazu; und dann lege den Lachs in eine Schüssel und gieße die dicke Sauce ganz heiß darüber und trage es auf.
(Harl. 4016, S. 102)

275 ml halbtrockener fruchtiger Weißwein

175 g kleine Zwiebeln, feingehackt

eine gute Prise gemahlener Zimt

¼ Teelöffel Weißweinessig

eine gute Prise gemahlener Ingwer

6 Lachskotelettes, etwa 2,5 cm dick

Öl zum Grillen

In dem Originalrezept wird kein Öl oder Fett erwähnt, aber es gibt im selben Manuskript sehr wohl Rezepte für in Öl gebratenen Fisch. Ein bißchen Fett ist nötig, ganz unabhängig davon, ob der Fisch über der Glut oder unter der Heizspirale eines elektrischen Grills gebraten wird. Im Mittelalter nahm man wohl eher Öl, weil der Lachs eine Fastenspeise war und die Frommen, die es mit der Abstinenz genau nahmen, in der Fastenzeit keine Butter aßen.

Das Durchseihen des Weins mit Zimt können wir uns heutzutage sparen. Kochen Sie den Wein mit Zwiebeln und Zimt auf kleiner Flamme bei offenem Topf, bis die Zwiebeln weich sind und die Flüssigkeit etwas reduziert ist. Essig und Ingwer zugeben und den Topf vom Feuer nehmen. Den Grill vorheizen. Die Fischkotelettes auf beiden Seiten mit Öl bestreichen. Bei mittlerer Hitze grillen, einmal wenden. Über jedes Stück Fisch einen Löffel Wein und Zwiebeln geben und servieren.

47. Der neue Wein wird probiert. Er ist für eine herrschaftliche Tafel bestimmt.

Am Hof von Richard II.

Geblümte Fleischklößchen

ERGIBT 18 STÜCK

Pommes. Nimm und koch ein gutes Stück Schweinefleisch, nicht zu mager, so weich, wie du es magst; dann nimm es heraus & hacke es klein; dann nimm Nelken & Muskatblüte & hacke es mit dazu & auch Weinbeeren aus Korinth; dann nimm es & rolle es zu kleinen, an die zwei Zoll starken Bällchen, dann lege sie nebeneinander auf einen Teller; dann mach eine gute Mandelmilch & binde sie mit Reismehl & laß sie gut kochen, aber paß auf, daß es nicht klumpt, und an der Anrichte leg immer fünf dieser Äpfelchen in eine Schüssel und gieße dünne Potage darüber. Und wenn du willst, stecke in jeden eine Blüte von einer Wiesenblume & streue Zucker und Muskatblüte darüber & gib es hin. Und manche machen die Bällchen aus Kalb- oder Rindfleisch, aber Schweinefleisch ist am besten und schönsten. (Harl. 279, S. 31)

Wilder Majoran (Oregano) und andere blühende Küchenkräuter können nicht nur zum Würzen von Speisen, sondern auch zur Dekoration benutzt werden.

900 g mageres Schweinefleisch ohne Haut und Knochen

1,1 l Rinderbrühe ohne Fett

125 g gemahlene Mandeln

1 Eßlöffel Reis- oder Maisstärke

1 Eßlöffel Korinthen

¼ Teelöffel gemahlene Muskatblüte

⅛ Teelöffel gemahlene Nelken

Salz und Pfeffer

etwas Öl zum Braten

ZUR GARNITUR:

Zucker und gemahlene Muskatblüte zum Darüberstreuen

kleine frische oder getrocknete Blumen

Man kann die Fleischklößchen als Imbiß für zwei oder drei Personen servieren oder als Garnierung für gebratenes Geflügel oder Wild verwenden. Das Schweinefleisch in der Brühe kochen, bis es eben weich wird. Herausnehmen, Brühe aufbewahren. Mit 275 ml der Brühe und dem Mehl Mandelmilch herstellen wie auf S. 64 beschrieben. Abkühlen lassen.

Das Fleisch in dünne Scheiben schneiden. Es sollte noch saftig, aber nicht mehr rosig sein. Das Fleisch in mehreren Portionen zusammen mit Korinthen im Mixer zerkleinern, Salz und Gewürze zugeben. Aus der Masse 18 Bällchen mit etwa 4 cm Durchmesser formen und diese in wenig Fett hellbraun braten. Abkühlen lassen. Die Mandelmilch sollte kremig flüssig sein – wenn nötig, mit etwas Brühe verdünnen. Über die Fleischklößchen »Soße« gießen, so daß sie davon ganz umhüllt sind. Vor dem Servieren etwas Zucker mit Muskatblüte darüberstreuen und mit bunten Blümchen dekorieren.

Gestockte Goldmilch – Custard

Für sechs Personen

Lait lardé. Nimm Eier und drücke sie durch ein Sieb und tu Kuhmilch dazu mit Butter und Safran und Salz. Siede es gut; schneide es auf, aber gib acht, daß es genügend fest wird. (CI, IV 83)

575 ml Milch

eine gute Prise getrocknete Safranfäden

4 Eier

¼ Teelöffel Meersalz

1 – 2 Teelöffel Butter

Mittelalterliche Adelige waren entzückt, wenn die geschmolzene Butter in tiefen Pfützen auf ihrem Custard stand. Da aber die meisten heutzutage solchen Überfluß nicht zu schätzen wissen, habe ich die Menge an Butter auf ein Mindestmaß reduziert.

Die Milch handwarm erhitzen. Safran zugeben. Die Eier leicht schaumig schlagen, salzen, in die Milch einrühren. Eine Auflaufform oder feuerfeste

Schüssel buttern, Milch-Ei-Gemisch hineingießen und mit gut gefetteter Alufolie dicht verschließen. In eine große Pfanne oder einen geeigneten Topf stellen und bis auf halbe Höhe der Form kochendes Wasser zugießen. Auf kleinem Feuer, so daß das Wasser leise kocht, bei geschlossenem Deckel garen (ca. 1 – 1 ½ Stunden, bis die Masse in der Mitte gestockt ist). Ganz abkühlen lassen; der Custard sollte dann so fest sein, daß er sich in Portionsstücke schneiden läßt. Man kann ihn pikant mit gebratenem Dorschrogen oder mit dünn geschnittenem Lauch überstreut als Vorspeise oder als leichtes Hauptgericht servieren. Mit pürierten frischen Früchten ergibt er ein ausgezeichnetes zartes Dessert.

Sie können die »Goldmilch« auch in der Backröhre garen. Stellen Sie den Topf mit dem Wasserbad bei 150° (Gas Stufe 2) in den Herd. Nach 45 Minuten die Temperatur auf 160° (Gas Stufe 3) erhöhen und dämpfen, bis die Masse die richtige Konsistenz hat.

48. Eine resolute Hausfrau beim Eierkaufen.

Am Hof von Richard II.

Rosenpudding

Für sechs Personen

Rosaie. Nimm dicke Milch; siede sie. Gib ein gutes Quantum Zucker dazu, Pinienkerne, gehackte Datteln, Zimt & gemahlenen Ingwer, und siede es und mische weiße Rosenblüten dazu und Reismehl. Stelle es kühl; salze es & laß es auftragen. Wenn du willst, nimm süßen Rahm statt Mandelmilch.
(CI, IV 53)

Blüten von voll aufgeblühten, aber nicht verblühten weißen Rosen

4 gestrichene Eßlöffel Reis- oder Maisstärke

275 ml Milch

50 g Zucker

¾ Teelöffel gemahlener Ingwer

575 ml süße Sahne

eine Prise Salz

10 Datteln, entsteint und feingehackt

1 Eßlöffel feingehackte Pinienkerne

»Dicke Milch« meint nicht Dickmilch oder irgendein anderes Milchprodukt, sondern konzentrierte, wenig verdünnte *Mandel*milch, die auch an Fasttagen serviert werden darf. Als Alternative wird Sahne vorgeschlagen.

Die Blütenblätter von den Rosen abzupfen und die Enden abschneiden, wo das Blatt am Blütenboden angewachsen war. 2 Minuten blanchieren, dann auf Küchenpapier ausbreiten, Küchenpapier darüberlegen und beschweren. (Die so abgetrockneten Blüten wirken möglicherweise etwas unansehnlich, aber keine Angst: sie werden ohnehin im Mixer püriert.) In einem Topf Stärkemehl mit etwas Milch kremig anrühren, dann die restliche Milch dazurühren. Auf kleiner Flamme rühren, bis die Flüssigkeit einzudicken beginnt. In einen Mixer geben und zusammen mit dem Zucker, den Gewürzen und den Blütenblättern ganz glattrühren. Salz und Sahne dazurühren.

Die Flüssigkeit erhitzen, jedoch nicht kochen. Auf kleinster Flamme rühren, bis die Creme etwa die Konsistenz von leicht geschlagener Sahne hat. Den größten Teil der Datteln und Pinienkerne zugeben und noch 2 Minuten rühren. In eine Servierschüssel geben und abkühlen lassen; ab und zu umrühren, damit sich keine Haut bildet. Kaltstellen. Vor dem Servieren mit den restlichen Datteln und Nüssen garnieren.

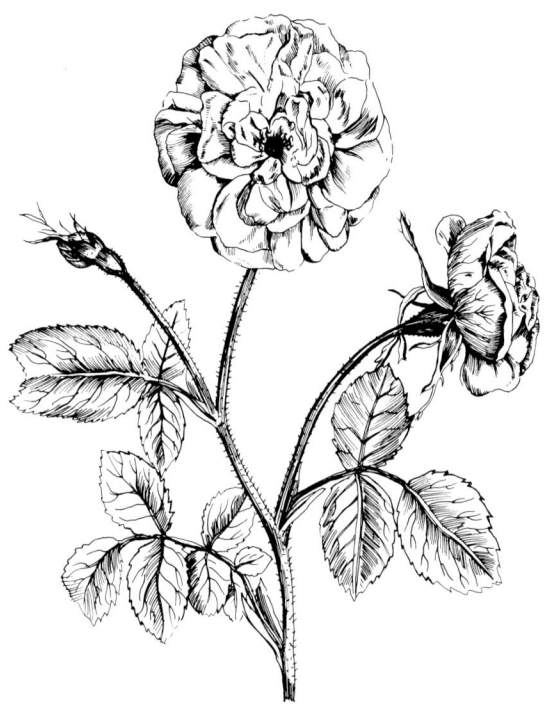

49. Eine weiße Rose erfreut alle Sinne – sogar den Geschmackssinn.

7

STAATSBANKETT UND WEIHNACHTS- SCHMAUS

Zu dem inneren Zirkel des Königshofs gehörten die meisten Abteilungen des königlichen Haushalts, eine Gruppe, die mitsamt dem Personal und allen möglichen Hilfskräften und Zuträgern ein paar Hundert Leute umfaßte. Da man im wesentlichen auf Nahrungsmittel angewiesen war, die in der unmittelbaren Umgebung produziert wurden, mußte diese ganze Truppe nach einer gewissen Zeit immer wieder, wenn ein Ort sozusagen abgegrast war, mit Sack und Pack von einer königlichen Residenz in eine andere umziehen. Die Organisatoren des Betriebs waren praktisch ständig damit beschäftigt, den nächsten Umzug vorzubereiten. Die Planung für die großen Festbankette an Ostern und Weihnachten begann schon Monate vorher, wenn frische Lebensmittel eingekauft und konserviert werden mußten, Stroh für die Betten der Gäste, Heu für ihre Pferde geerntet wurde. Im November, um den Martinstag herum, wurden die Rinder für den Festtagsbraten am Ostersonntag geschlachtet.

Bevor die königliche Familie in der Residenz eintraf, an der das Weihnachtsfest gefeiert werden sollte, mußte aller schwerer und sperriger Hausrat auf Wagen dorthin geschafft werden, auch das Küchengerät mitsamt den Vorräten, und das zu einer Zeit, nämlich zu Beginn des Adventfastens, da die Köche ihre Gewürze am notwendigsten brauchten. Man bereitete sich also vier magere Wochen lang auf die üppigen Festtage vor.

Da sich zum Weihnachtsfest die Spitzen des Reichs und der Gesellschaft einfanden, lauter Leute, die allen zu jener Zeit nur irgend denkbaren Luxus genossen, wird es mit dem Fasten nicht so weit her gewesen sein, was freilich die erlauchten Herrschaften nicht hinderte, ihrer Erlösung aus einem Zustand,

Küchengeheimnisse des Mittelalters

den sie als einen strenger Selbstkasteiung empfanden, mit freudiger Erwartung entgegenzusehen.

Für die meisten Menschen waren die Weihnachtstage nur halbe Festtage, da ja die Arbeit im Stall und im Haushalt weiterging und auch keineswegs alle Arbeitgeber ihren Leuten einfach frei gaben. Die Höflinge dagegen hatten reichlich Muße, an Weihnachten selbst und in der darauf folgenden fast zwei Wochen lang dauernden Festperiode auf den zahlreichen Einladungen, die in dieser Zeit stattfanden, ihre schicken neuen Hüte vorzuführen und die farbenprächtigen, köstlich duftenden Sensationen einer erstklassigen Küche zu genießen, auch wenn sie, je nach Rang, vielleicht nur auf zwei oder drei Gänge, die sie keineswegs frei wählen durften, Anspruch hatten (Knappen, Pagen, Bürgerliche etc. bekamen gar nur einen einzigen Gang). Manchmal gab es ein Unterhaltungsprogramm, so daß man sich in den Wartepausen nicht langweilte, und dann waren da ja auch noch die *entremets* zu bewundern, die spektakulären Prunkspeisen, die oft von einem Herold mit großer Geste angekündigt wurden. Der Eberkopf, der in der letzten der zwölf Nächte unter Gesang hereingetragen wurde, war eine solche Attraktion, ebenso der Pfau, der prächtig und stolz auf seiner Servierplatte thronte.

Aber es wurde noch mehr geboten. Die professionellen Gaukler und Sänger, die auftraten, waren Meister ihres Fachs, ebenso die phantastisch kostümierten Komödianten, die Gereimtes zum besten gaben. Junge Leute der Hofgesellschaft in noch extravaganteren Masken kamen in den Saal und luden schweigend zum Tanz. Zu Zeiten Richards II. mischte sich manchmal sogar der König höchstselbst unter diese Vermummten, freilich in so ausgesucht kostbaren Kostümen, daß über seine Identität kein Zweifel bestehen konnte. Diejenigen, die er zum Tanz aufforderte, bemühten sich, ihre Rolle gut genug zu spielen, um Gnade vor seinen Augen zu finden. Derweil wurde Konfekt aufgetragen und Würzwein und Käse herumgereicht.

Die Unterhaltung war das wichtigste bei einem Festmahl, vor allem bei einem großen, und am Ende der zwölften Nacht, wenn die Almosenkörbe zu den Armen hinausgetragen wurden und der letzte Toast ausgebracht war, hoffte man, daß alle Gäste sagen konnten: »Das war ein prächtiges Fest. Das neue Jahr wird gut werden.«

50. Staatsbankett – John of Gaunt diniert mit zwei Königen und vier Bischöfen.

Staatsbankett und Weihnachtsschmaus

Gebratenes Wild

FÜR SECHS PERSONEN

Braten von einem edlen Hirsch. Wasche das Fleisch und stecke es an einen Bratspieß. Schneide es kreuzweise in der Form von Rauten ein. Brate es; nimm roten Wein, feingestoßenen Ingwer & Pfeffer & Salz und übergieße es, bis es durch ist. Halte ein Blech darunter & fang auf, was heruntertropft, und übergieße es wieder damit. Dann nimm es & schneide es, wie es dir gefällt, & trage es auf. (OP, 159)

6 Scheiben Wildfleisch, Filet oder Keule, 1 – 1 ½ cm dick

ausgelassener geräucherter Speck oder Schmalz zum Bestreichen

Pfeffersoße (Rezept S. 115)

MARINADE

350 ml Rotwein

3 Eßlöffel Öl

⅛ Teelöffel gemahlener Ingwer

Salz und schwarzer Pfeffer

Das begehrteste Stück Wildfleisch war das Filet. Man schnitt das Fleisch gitterförmig ein, oder man kochte es kurz und spickte es dann mit salzigem Schweinespeck, bevor man es am Spieß briet. Das heute übliche Wildfleisch von Tieren, die im Gehege gehalten wurden, mariniert man am besten.

Die Fleischscheiben für mindestens 2 – 3 Stunden in die Marinade einlegen, Fleisch von einem älteren Tier länger. Vor dem Grillen das Fleisch herausnehmen, trockentupfen, an den Rändern etwas einschneiden und mit dem Schmalz bestreichen.

Fleisch auf Spießchen stecken oder auf einen gefetteten Grillrost legen. Den Grill auf mittlere Temperatur vorheizen und das Wild wie Rindersteaks je nach Wunsch mehr oder weniger durch braten. (Wenn Sie das Fleisch gut durch haben wollen, dann reduzieren Sie nach dem Anbräunen die Temperatur und

Staatsbankett und Weihnachtsschmaus

garen es langsam.) Während des Grillens mit Marinade beträufeln. Mit einem Spatel wenden, nicht mit einer Gabel anstechen. Auf einer vorgewärmten Platte heiß servieren, die Pfeffersoße in einem eigenen Gefäß reichen.

51. Jagdszene: Der Hirsch für einen herrschaftlichen Weihnachtsschmaus wird erlegt.

Pfeffersoße zu Kalbfleisch und Wild

Für sechs Personen

Pfeffer für Kalbfleisch und Wild. Nimm Brot und brate es in Schmalz, weiche es in Brühe und Essig ein: tu fein gestoßenen Pfeffer dazu und Salz, setze es aufs Feuer, koche es und gib es hin. (Ashmole, S. 110)

5 Scheiben Weißbrot ohne Kruste

Bratenfett oder Butter

575 ml Bratensaft bzw. Bratensaft mit Marinade oder Fleischbrühe

2 Eßlöffel Rotweinessig

½ Teelöffel gemahlener schwarzer Pfeffer

Salz

Die Brotscheiben in dem Fett goldgelb braten. In kleine Stücke brechen und im Mixer mit den übrigen Zutaten gut rühren, bis die Flüssigkeit ganz glatt ist. In einen Topf geben, unter ständigem Rühren erhitzen und 2–3 Minuten simmern lassen. Abschmecken: Die Soße soll pikant pfeffrig, aber nicht aggressiv scharf sein. Warm in einer Sauciere servieren.

Küchengeheimnisse des Mittelalters

Gebratenes Schweinefleisch mit Würzwein

FÜR SECHS PERSONEN

Cormarye. Nimm Koriander, kleingestoßenen Kümmel, feinen Pfeffer und zerdrückten Knoblauch in Rotwein; mische all dies zusammen und salze es. Nimm rohe Schweinelenden und häute sie und stich sie mit dem Messer gut an und lege sie in die Soße. Brate sie, wann es dir gut dünkt, & fang auf, was beim Braten heruntertropft, und siede es in einem Topf mit guter Brühe & trage es zugleich mit dem Braten auf. (CI, IV 54)

1,8 kg Schweinefleisch, Lendenstück am Knochen

1 ½ Teelöffel gemahlener Koriander

1 Teelöffel gemahlener Kümmel

1 große Knoblauchzehe, zerdrückt, mit Salz

½ Teelöffel frisch gemahlener schwarzer Pfeffer

1 Teelöffel Salz

175 ml Rotwein

etwa 225 ml Hühnerbrühe

Der gewürzte Wein diente als Marinade und zum Beträufeln des Fleischs während des Bratens. Bisweilen wurde das Bratenstück auch dick mit Brotbröseln oder Mehl paniert oder mit Kohlblättern umwickelt, damit die Oberfläche nicht versengt wurde. Ich nehme Alufolie, damit der Bratensaft nicht verlorengeht. Bitten Sie Ihren Metzger, Ihnen ein Lendenstück zuzurichten.

Kümmel und Koriander können Sie im Mörser kleinstoßen oder in einer Kaffeemühle mahlen.

Ofen auf 220° (Gas Stufe 7) vorheizen. Das Fleisch häuten und das Fett mit einem Messer einstechen. Salz, Knoblauch und Gewürze mit dem Wein mischen und das Fleisch auf allen Seiten damit bestreichen. Den Braten auf zwei Schichten Alufolie (groß genug, daß das Fleisch damit ganz umwickelt

Staatsbankett und Weihnachtsschmaus

52. Schlachttag: Der Weihnachtseber wird getötet.

werden kann) legen, die Enden der Folie um das Fleisch schlagen, aber nicht ganz schließen. Einen großen Teil des gewürzten Weins über das Fleisch gießen, dann Folie schließen. In die Backröhre geben. Nach 7–10 Minuten Hitze auf 180° (Gas Stufe 4) reduzieren. Nach 2 Stunden (bzw. 30 Minuten pro 450 g Fleisch) Folie oben öffnen und noch einmal – wenn Sie wollen, bei etwas höherer Temperatur – 30 Minuten bräunen lassen.

Den Braten vorsichtig aus der Folie herausheben und auf einer vorgewärmten Servierplatte ruhen lassen, während Sie die Soße machen. Fond und Bratenflüssigkeit aus der Folie in einen Topf geben und zusammen mit der Hühnerbrühe erhitzen. Kurz simmern lassen, dann abschmecken. In einer vorgewärmten Sauciere zum dem Fleisch servieren.

Große Pastete

FÜR SECHS BIS ACHT PERSONEN

Große Pasteten. Nimm schönes junges Rindfleisch, und Nierenfett von einem fetten Ochsen oder vom Hammel und hacke alles auf einem Brett klein; und gib feinen Pfeffer dazu und Salz; und wenn alles kleingehackt ist, tu es in eine Schüssel. Und vermische es gut; dann mach eine ordentlich große Pastetenform und gib einiges von der Füllung hinein. Dann nimm Kapaune, Hühner, Stockenten, Kaninchen und koche sie; nimm Waldschnepfen, Krickenten und große Singvögel und wirf sie in einen kochenden Topf; und dann lege alles Geflügelfleisch in die Pastete und gib ein Quantum feinen Pfeffer und Salz dazu. Dann nimm Mark, Dotter von harten Eiern, halbierte Datteln, Weinbeeren aus Korinth, Dörrpflaumen, ganze Nelken, ganze Muskatblüten, Zimt und Safran. Aber vorher lege noch den Rest von deiner Rindfleischfüllung über das Geflügel, wie es dir gut dünkt, und dann erst streu darüber Datteln, Mark, Weinbeeren &c. Und dann schließe die Pastete mit einem Deckel aus demselben Teig und schiebe sie in den Ofen und laß sie garbacken; aber paß auf, wenn du den Deckel auflegst, daß kein Safran auf die Ränder kommt, sonst schließt er nicht.
(Harl. 4016, S. 76)

450 g Mürbteig

1 Eiweiß, flüssiggeschlagen

450 g Brustfleisch von Hähnchen, Tauben oder Wildente
und/oder Hasen- oder Kaninchenrücken (kein Schmorfleisch)

Salz und Pfeffer

450 g Rinderhackfleisch

2 Eßlöffel kleingehacktes Nierenfett

3 kleingehackte Dotter von harten Eiern

Staatsbankett und Weihnachtsschmaus

Gewürzmischung aus je ¼ Teelöffel gemahlenem Zimt und Muskatblüte und einer Prise gemahlenen Nelken

25 g entsteinte Datteln, kleingehackt

25 g Korinthen

50 g entsteinte Dörrpflaumen, eingeweicht und kleingehackt

125 ml Fleischbrühe

1 Eßlöffel Reis- oder Maisstärke

Eine »große Pastete« durfte bei keinem herrschaftlichen Weihnachtsschmaus fehlen. Manche Rezepte schreiben eine ganze Menge Fleischsorten als Füllung vor, aber viele begnügen sich mit zwei oder drei. Sie können bei Ihrer Pastete frei mit verschiedenen Kombinationen experimentieren.

Mit etwas mehr als der Hälfte des Teigs eine Kuchenform (23 cm) mit niedrigem Rand auskleiden. Teig innen mit Eiweiß bestreichen.

Geflügel- und/oder Hasenfleisch häuten und in Salzwasser auf kleinem Feuer 10–15 Minuten kochen. Herausnehmen und abkühlen lassen. In einer Schüssel Hackfleisch, Nierenfett, Salz und Pfeffer, Eidotter und die Hälfte der Gewürzmischung gut vermengen. Den Rest der Gewürze mit den getrockneten Früchten mischen. Das pochierte Fleisch in dünne Scheiben schneiden. Die Backröhre auf 220° (Gas Stufe 7) vorheizen.

In einem Topf Stärkemehl mit 1–2 Eßlöffel von der Brühe cremig anrühren, restliche Brühe dazurühren, erhitzen und auf kleiner Flamme etwas eindicken lassen. Beiseite stellen.

Den Boden der Pastete mit der Hälfte der Hackfleischfüllung belegen. Darüber das in Scheiben geschnittene Fleisch schichten. Mit der Früchtemischung bestreuen, darüber den Rest Hackfleisch geben. Die Füllung mit der eingedickten Brühe übergießen.

Den restlichen Teig ausrollen und einen Deckel für die Pastete ausschneiden. Den Rand der Pastete mit Eiweiß bestreichen, Deckel auflegen, etwas andrücken. Schlitze einschneiden, damit der Dampf abziehen kann. Deckel mit Teig verzieren und mit Eiweiß bestreichen. 15 Minuten backen, dann bei auf 160° (Gas Stufe 3) reduzierter Temperatur noch 45–50 Minuten backen.

Küchengeheimnisse des Mittelalters

53. Der berühmte goldene Weinkelch der Könige von England und Frankreich.

Würzwein

Für zwölf bis sechzehn Personen

Hypocras. Drei Unzen Zimt & III Unzen Ingwer; Spica Nardi aus Spanien; Galgantwurzel, Nelken, langer Pfeffer, Muskatnuß, Majoran, Kardamom, von jedem eine viertel Unze; Paradieskörnchen, Kaneel der besten Sorte, von jedem eine halbe Unze; das alles stoße fein &c. (CI, IV 199)

2 l Rotwein

175 g Zucker

1 Eßlöffel gemahlener Zimt

¾ Eßlöffel gemahlener Ingwer

je 1 Teelöffel gemahlene Nelken, Muskatnuß, Majoran (am besten frisch), gemahlener Kardamom und schwarzer Pfeffer; eine Prise geriebene Galgantwurzel

Staatsbankett und Weihnachtsschmaus

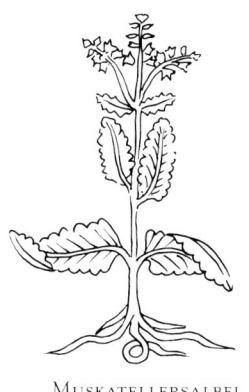

MUSKATELLERSALBEI

Ich habe meine Variante des gesüßten Würzweins nicht nach dem Originalrezept »Hypocras« genannt, weil einige der dort vorgeschriebenen Ingredienzen heute praktisch nicht mehr aufzutreiben sind, so die »Paradieskörner« (*graines de paradis*), der »lange Pfeffer« (*poeure long*) und die Narde (*Spykenard*).

Den Wein bis knapp zum Siedepunkt erhitzen. Zucker auflösen. Kräuter und Gewürze mischen, die Hälfte davon in den Wein geben. Abschmecken und nach und nach Gewürz zugeben, bis der gewünschte Sättigungsgrad erreicht ist (wahrscheinlich werden Sie einen großen Teil der Mischung aufbrauchen). Den Wein auf kleinstem Feuer 10 Minuten simmern lassen. Durch ein sehr feines Seihtuch tropfen lassen (das kann Stunden dauern). Kalt in Flaschen füllen, gut verschließen. Innerhalb einer Woche verbrauchen.

Zuckerbrot mit Pinienkernen

Pain ragant. Nimm Honig und zyprischen Zucker und kläre sie
zusammen und koche sie auf lindem Feuer und paß gut auf,
daß es nicht anbrennt. Und wenn es eine Weile gekocht hat, nimm einen
Tropfen mit dem Finger und tu es in ein bißchen Wasser und schau,
ob es zäh zusammenbleibt; und nimm es vom Feuer und gib
ein Drittel Pinien dazu & gemahlenen Ingwer und rühre es,
bis es dick zu werden anfängt, und stürze es auf eine feuchte Tischplatte;
richte es an und serviere es mit gebratenem Fleisch an Fleischtagen
oder auch an Fischtagen. (CI, IV 68)

200 g Zucker

2 Eßlöffel klaren Honig

125 ml Wasser

1 gehäufter Eßlöffel Pinienkerne, kleingehackt oder gemahlen

100 g feine, weiche Weißbrotkrumen

½ – 1 Teelöffel gemahlener Ingwer

Küchengeheimnisse des Mittelalters

54. *Auf der Tafel von Sir Geoffrey Luttrell prangen alle möglichen Gerichte, von der Suppe bis zu den süßen Nachspeisen.*

Ich habe weiche Weißbrotkrumen dazugetan, um dem süßen *pain ragant* eine brotartige Konsistenz zu geben. Man kann auch eine kleinere Menge Brot nehmen und dafür mehr Pinienkerne.

Das Originalrezept sagt, dieses sehr süße Gericht werde zu »fryed mete« an Fleisch- oder an Fischtagen gegessen; möglicherweise meint aber »mete« hier nicht Fleisch, sondern eine Fastenspeise wie Omelett oder in Fett gebackenen Custard.

Zucker, Honig und Wasser in einem Topf auf kleinem Feuer bis auf 110° erhitzen (Zuckerthermometer benützen). Dann die sirupdicke Flüssigkeit in eine kühlschrankkalte Schüssel gießen und 2–3 Minuten schnell schlagen, danach die anderen Zutaten daruntermischen. Die Masse in eine mit Wasser ausgespülte flache Blechform geben und hartwerden lassen. Vor dem Servieren in kleine Stücke schneiden.

Staatsbankett und Weihnachtsschmaus

Lombardische Schnitten

Für sechs Personen

Autre manière de leche lombarde. Nimm schönen Honig und kläre ihn auf dem Feuer, bis er dünnflüssig wird; dann nimm Dotter von harten Eiern & krümle soviel hinein, daß es dick genug ist, und dann nimm es vom Feuer & gib es auf ein Brett; dann nimm schönes geriebenes Brot und feinen Pfeffer & knete es mit deinen Händen hinein, bis es so fest ist, daß es sich schneiden läßt; dann schneide es auf; dann nimm Wein & fein gestoßenen Ingwer, Zimt & ein bißchen klaren Honig & laß es durch ein Sieb rinnen & gib diesen Sirup statt Würzwein darauf, wenn du es servierst. (Harl. 279, S. 35)

12 Dotter von hartgekochten Eiern

8 Eßlöffel klarer Honig

175 g Semmelbrösel

eine Prise gemahlener schwarzer Pfeffer

Sirup

225 ml Rotwein

eine gute Prise gemahlener Zimt und Ingwer

5 Eßlöffel klarer Honig

55. Honigbiene.

Es gibt mindestens drei Rezepte für diese »Lombardischen Schnitten«; in einem wird der Honig mit Datteln, im zweiten mit Mandeln, im dritten, unserer Version, mit Eigelb vermengt. Wenn Sie wollen, können Sie weniger Dotter und dafür mehr Semmelbrösel nehmen; die Konsistenz wird dann etwas gröber.

Die Dotter durch ein Sieb auf einen Bogen Papier drücken. Den Honig für die Schnittchen erhitzen und 2 Minuten simmern lassen, Topf vom Herd nehmen. In kleinen Portionen Dotter zugeben und mit dem Schneebesen glatt unterrühren, dann Pfeffer und soviel Semmelbrösel zugeben, daß sich die Masse formen läßt. Zu einem flachen Quader formen und kaltstellen. Die erhärtete Masse wie Halva in dünne Scheiben schneiden.

Die Zutaten für den Sirup simmern, bis die Flüssigkeit merklich reduziert ist. Einen Löffel davon über jede Portion Schnittchen geben.

Als süße Häppchen zum Kaffee reichen.

8

KRÄUTERMEDIZIN UND HAUSMITTEL

Eine wichtige Aufgabe der mittelalterlichen Hausfrau war die Gesundheitsvorsorge. Sie war für den Kräutergarten verantwortlich, ebenso für die richtige Kombination und Dosierung von Heilpflanzen, die kranken Mitgliedern der Familie oder des Gesindes verabreicht wurden, sie säuberte und verband Wunden. Mit ihren in langer Erfahrung bewährten Hausmitteln aus Kräutern, oft mit einem Quantum populärer Magie versetzt, konnte sie viele der gewöhnlichen Übel und Beschwerden durchaus wirkungsvoll therapieren. Und wenn ihre eigenen Bemühungen nicht fruchteten, konnte sie, vorausgesetzt, daß sie nicht ganz mittellos war, professionelle Heilkundige hinzuziehen.

Da gab es zuerst die »weise Frau« des Dorfs, die zwar, ebenso wie die gewöhnlichen Hausfrauen, manchmal bloßen Hokuspokus trieb, die aber auch viele seit altersher erprobte Verfahren der Kräutermedizin kannte. Daneben konnte man auch die Hilfe von mehr schulmäßig ausgebildeten Heilern in Anspruch nehmen. Von besonderer Bedeutung für die medizinische Versorgung der Menschen waren die Klöster. Diese unterhielten Spitäler, in denen sowohl Invalide, Gebrechliche und Aussätzige gepflegt als auch akute Notfälle medizinisch behandelt wurden. Die Sorge für Kranke und Schwache war ebenso wie das Almosengeben, die Speisung der Bettler vor dem Tor, eine Christenpflicht, und die Klöster kamen ihr, soweit möglich, nach (im 15. Jahrhundert freilich war es vielen nicht mehr möglich).

In der weltlichen Armenfürsorge spielte wohl auch die nüchtern praktische Überlegung, daß nur gesunde Leute tüchtig arbeiten konnten, eine Rolle, und deswegen sorgten die Almoseniers an den Höfen dafür, daß wenigstens eine medizinische Grundausstattung für Notfälle bereitgehalten wurde.

Schließlich gab es auch noch die Apotheker. Diese durften, anders als ihre modernen Kollegen, Medikamente aller Art an jedermann frei verkaufen, und

HERBOLARIO

volgare, Nelqual e le vertu delle herbe, & molti altri simplici se dechiarano, con alcune belle aggionte nouamente de latino in volgare tradutto.

Kräutermedizin und Hausmittel

viele wußten über die Anwendung ihrer Produkte genausogut Bescheid wie die zugelassenen Ärzte oder taten jedenfalls so. Neben eigentlichen Arzneimitteln verkauften sie auch Spirituosen und verschiedene angeblich heilkräftige süße Leckereien (Zucker galt damals als eine Art Gewürz). Es wurden kleine Zuckerstangen mit Spiralmuster angeboten, die sogenannten *penidia*, gefärbter Zucker mit Rosen- und Veilchengeschmack sollte gegen Husten und Schwindsucht helfen. Dieses medizinische Zuckerzeug wie auch die Destillate, die in der Küche und zu alchimistischen Experimenten gebraucht wurden, waren allerdings sehr teuer.

Alchemie und Astrologie spielten eine wichtige Rolle in der medizinischen Ausbildung. Die künftigen Ärzte, gleichgültig ob sie in London, Paris oder Salerno studierten, mußten lernen, welche Einflüsse der Gang der Gestirne auf Menschen und Heilkräuter hatte. Das ganze Lehrgebäude der medizinischen Wissenschaft ruhte immer noch auf den Doktrinen des Galenus, eines griechischen Arztes, der im 1. Jahrhundert n.Chr. in Rom gewirkt hatte und dessen Theorien auf altägyptische Traditionen zurückgingen.

Glücklicherweise beteten nicht alle Ärzte und Laien die antiken Lehren kritiklos nach. Der Bürger von Paris ließ sich vielleicht von abergläubischen Vorstellungen leiten, wenn es galt, den rechten Zeitpunkt für die Aussaat von Petersilie zu wählen, aber er bewahrte sich doch genügend gesunden Menschenverstand, um Simulanten in seinem Gesinde, die sich nur vor der Arbeit drücken wollten, sofort zu durchschauen. Chaucer äußert sich in seinem Prolog zu den *Canterbury Tales* ziemlich sarkastisch über den Arzt, der behauptet, er könne Krankheiten mit Hilfe der Astrologie diagnostizieren, während er in Wahrheit gemeinsam mit den Apothekern seine Patienten nach Kräften ausnimmt. Mönche, die Heilmittel herstellten, wußten sehr wohl, daß ihre hochprozentigen Elixiere auch anderen Zwecken dienen konnten als nur dem, die Verdauung zu fördern, und trotz aller großen Worte in Kräuterbüchern und Gesundheitsratgebern wußten viele Ärzte wohl sehr genau, daß etliche ihrer Wunderkuren allenfalls Placeboeffekte zeitigen konnten.

Die medizinischen Rezepte, die ich als Beispiele ausgewählt habe, stammen aus einer Sammelhandschrift des 15. Jahrhunderts, dem sogenannten *Leechbook*, das 1773 oder kurz danach in den Besitz der Medical Society of London gelangte. Es enthält nicht weniger als 1074 Rezepte für Arzneien gegen erstaunlich vielfältige Leiden, und der moderne Herausgeber hat in einem Anhang noch 46 aus der frühen Tudor-Zeit, darunter auch einige veterinärmedizinische, hinzugefügt. Das ist eine überwältigende Fülle an Material, indes fiel es mir doch nicht allzu schwer, passende Beispiele auszuwählen: Da dieses Buch ein Kochbuch ist und, wie ich hoffe, auch fleißig in der Praxis benutzt werden wird, lag es nahe, den Blick speziell auf die Leiden zu richten, die aus

56. Das Frontispiz eines weitverbreiteten Kräuterbuchs zeigt die heiligen Märtyrer Cosmos und Damian, die einst kostenlos Kranke behandelten.

Unmäßigkeit im Essen und Trinken entstehen, und auf Arzneien, die aus heimischen Wild- und Gartenpflanzen hergestellt werden können. Ich habe die Auswahl mehr nach dem Zufallsprinzip als mit geschulter Überlegung getroffen und war fasziniert davon, zu sehen, wie viele der verwendeten Kräuter auch heute noch von ausgebildeten medizinischen Fachleuten eingesetzt werden, und ziemlich oft zu genau denselben Zwecken wie im Mittelalter.

Man hat mir versichert, daß die im folgenden abgedruckten Rezepte ungefährlich sind. Sie sind aber, anders als die Kochrezepte, nicht für den praktischen Gebrauch gedacht, und auf gar keinen Fall sollten Sie die Mittel ohne ärztlichen Rat einnehmen. Ich selber habe keines davon ausprobiert.

Ich habe auch keinerlei praktische Erfahrung mit den Anleitungen zum Zähneputzen und zur Herstellung von Rosen- und Nußöl gesammelt. Ich fand sie einfach hübsch, und habe sie – zumal sie ja gewiß harmlos sind – als Zugabe zu den Arzneien dreingegeben.

Da die Rezepte, so wie sie in der Ausgabe von Warren Dawson wiedergegeben werden, gut verständlich sind, habe ich auf Änderungen im Text verzichtet und lediglich kurze Kommentare zu den verwendeten Kräutern oder anderen Ingredienzien hinzugesetzt.

Kräutermedizin und Hausmittel

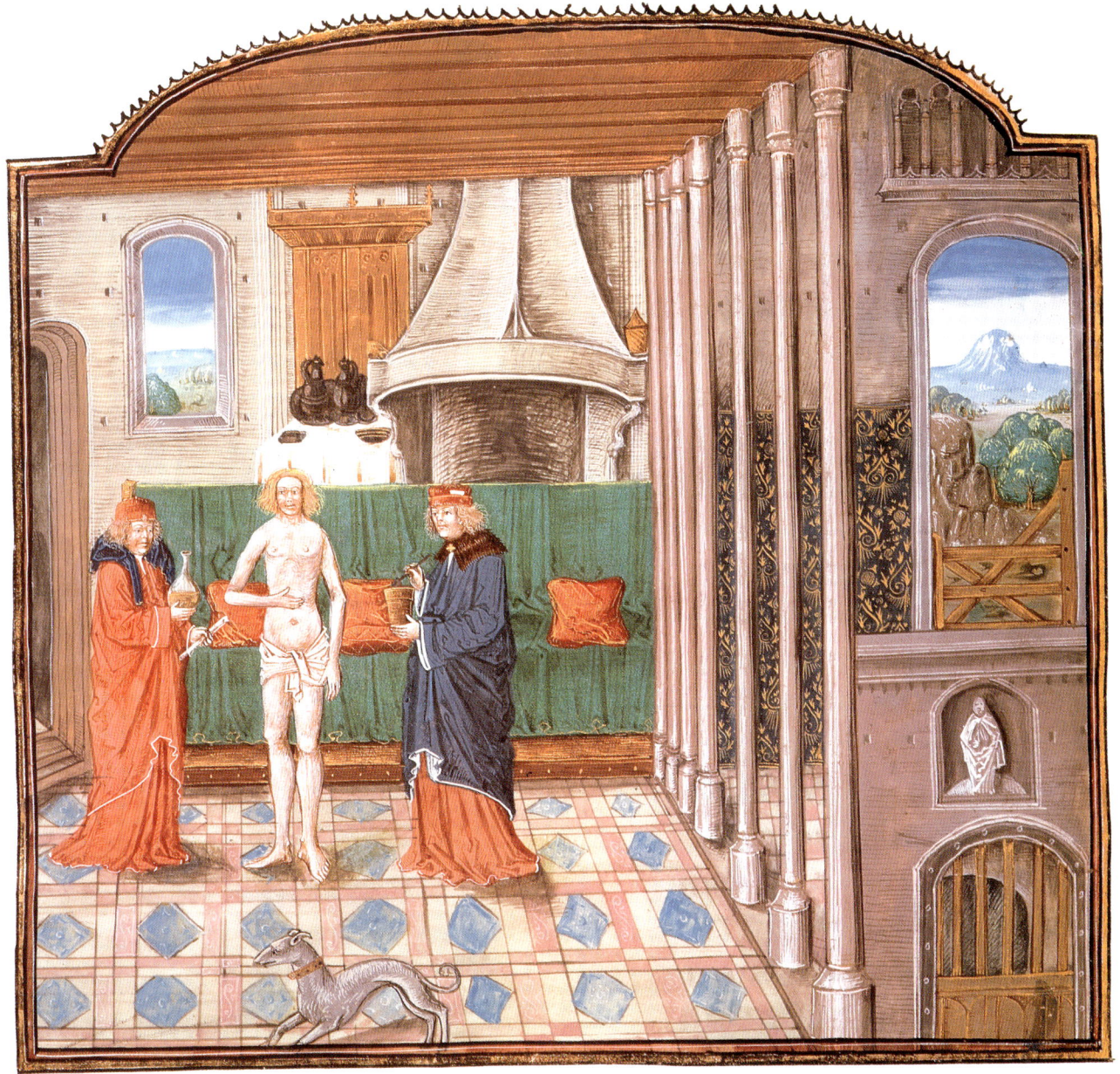

57. Ein glücklich geheilter Patient und seine Ärzte.

Gegen Migräne

*Nimm eine halbe Schüssel voll Gerste, je eine Handvoll Betonienkraut,
Eisenkraut und andere Kräuter, die für den Kopf gut sind; und nachdem du sie
gut miteinander gekocht hast, nimm sie heraus und wickle sie in ein Tuch
und lege es auf den kranken Kopf, und er wird heil. Ich habe es selbst erprobt.*
(MS 136, 60g)

Ich vermute, daß so richtig scheußliche Kopfschmerzen durch einen Umschlag mit Gerste und Kräutern gelindert werden können. Die Betonie war im Mittelalter eine beliebte Heilpflanze. Innerlich angewendet sollte das Kraut gegen eine Vielzahl von Krankheiten helfen. Es wird noch heute bei nervösem Kopfschmerz und gewissen Formen von Migräne eingesetzt. Es enthält die Alkaloide Betonizin, Stachydrin und Trigonellin.

Eisenkraut wird heutzutage als Nerventonikum in Beruhigungs- und Stärkungsmitteln für nervlich stark angegriffene Patienten verwendet. Auch als Mittel gegen Migräne und Depressionen besitzt es eine gewisse Bedeutung. Wichtige Inhaltsstoffe sind verschiedene Glykoside (einige davon angeblich mit besonderen Wirkungen auf die Herztätigkeit) und ein Bitterstoff.

58. Ein Apotheker bei der Zubereitung von Arzneien.

Kräutermedizin und Hausmittel

Gegen Kolik

Nimm ein nußgroßes Stück Maibutter und fünf Fädchen Safran und schneide den Safran klein und mische ihn in die Butter. Und lege es in den Nabel des Kranken. Und nimm von der Erde, die auf der Türschwelle liegt, eine Männerhand voll und lege sie auf glühende Kohlen und besprenge sie immer wieder mit gutem Bier. Und wende sie und besprenge sie, bis sie ganz heiß ist, und dann nimm sie und wickle sie in ein Leinentuch und binde es über den Nabel. Und lege es über die Butter und über den Safran und also auf den Nabel. Und der Kranke wird heil. (MS 136, 1061)

Wieder ein Umschlag. Dieser ist etwas weniger appetitlich, als es auf den ersten Blick scheint. »Maibutter« für Kinder machte man, indem man frische Butter fast zwei Wochen lang auf einem Teller dem Sonnenlicht aussetzte. Sie wurde in dieser Zeit ranzig, verlor alle Farbe und auch alles Vitamin A, jedoch bewirkte die Sonne eine Erhöhung des Anteils an Vitamin D – möglicherweise half die übelriechende Medizin deswegen Kindern mit Rachitis oder Gelenkschmerzen.

Der Safran klingt nach Luxus, aber die fünf Fädchen werden einen halbwegs zahlungskräftigen Patient, der sich Leinenbinden leisten konnte, wohl kaum in den Ruin getrieben haben. Das kostbare Gewürz, das in der Küche zum Färben von Speisen diente, wurde in der Medizin als Karminativum (Mittel gegen Blähungen) eingesetzt.

Gegen den Wind, der Koliken verursacht

Nimm Kümmel und Anis zu gleichen Teilen und lege sie in Weißwein, so daß sie ganz bedeckt sind, und laß es drei Tage und drei Nächte stehen. Und dann nimm es heraus und lege es auf ein Brett und laß es neun Tage trocknen und wende es. Und wenn die neun Tage vorüber sind, nimm es und tu es in einen irdenen Topf und trockne es über dem Feuer und mach Pulver daraus. Und iß es in Potage oder trinke es, und es hilft dir gegen den Wind, der Koliken verursacht. (MS 136, 1071)

Vermutlich hilft es wirklich »gegen den Wind«, denn Anis und Kümmel sind Karminativa. Diese beiden Gewürze sowie Fenchel und Dill wurden früher oft zusammen mit starken Abführmitteln gegen Bauchgrimmen verordnet. Blähungen und Verstopfung waren im Mittelalter weit verbreitet, vermutlich weil die Menschen so viel Hülsenfrüchte und nur wenig frisches Gemüse, von Kohl einmal abgesehen, aßen.

Wenn jemand einen kranken Magen hat

Nimm ein Pfund Kümmel und zerstoße es in einem Mörser; und nimm es und dazu gutes, abgestandenes Bier und siede es zusammen und schäume es gut ab. Und wenn es genug gekocht hat, nimm es vom Feuer und laß es durch ein Sieb oder ein Leinentuch laufen und laß den Kranken die Flüssigkeit lauwarm trinken. Und den Satz von so gekochtem Kümmel magst du in ein herzförmiges Leinensäckchen tun und es dem Kranken so heiß, wie er es ertragen kann, auf den Magen legen. (MS 136, 1069)

59. Eine dienende Schwester kocht einen Heiltrank.

Kräutermedizin und Hausmittel

60. *Hochprozentiger Stoff!*

Kümmel wird heute üblicherweise in unseren Kräutergärten nicht mehr angebaut, aber im 15. Jahrhundert war er weit verbreitet und wurde noch häufiger als Fenchel und Dill gegen Blähungen verwendet. Man bereitete daraus Verdauungstränke und Mittel gegen Koliken zu. Noch vor sechzig Jahren waren Kümmelumschläge ein allgemein bekanntes Hausmittel gegen Magenkrämpfe und Stechen im Bauch.

Bier wurde nicht gefiltert, sondern man ließ es einfach stehen, bis es sich von selbst klärte. Das frische, billige Bier, das die Armen tranken, war in der Regel noch trüb, weil sich die Hefe noch nicht gesetzt hatte. Die Brauer sollten das Bier mindestens zwei Tage lang ruhen lassen. bevor sie es verkauften. Wenn das Rezept von »abgestandenem Bier« redet, meint es damit »Bier von bester Qualität«, also *klares* Bier. Daß der Kümmelsatz in ein herzförmiges Säckchen gefüllt werden soll, ist hübsch, aber auch genial praktisch gedacht, weil es so genau auf die Stelle des Körpers paßt, auf die es gelegt werden soll.

Kräutermedizin und Hausmittel

Unabhängig davon, was der Grund für die Magenverstimmung war, konnte doch eine gründliche Zahnreinigung den Patienten zumindest erfrischen und erquicken. Das *Leechbook* kennt mehrere Verfahren – hier das einfachste:

Wie man sie [die Zähne] sauber und weiß macht. Nimm Malwenwurzel und reibe damit Zähne und Zahnfleisch. Und danach nimm ein rauhes Tuch und reibe damit deine Zähne. Wenn du deinen Mund einmal pro Monat mit Wasser wäschst oder mit Wein, in dem Wolfsmilch gekocht wurde, werden dir die Zähne nie ausfallen. Wenn du zerdrückten Knöterich auf die Zähne legst, ist das eine gute Medizin. (MS 136, 907)

Im Zusammenhang mit allzu zügellosem Festtreiben konnte es aber auch leicht vorkommen, daß jemand sich, sei es bei einem Sturz, sei es bei einer Schlägerei, eine blutige Nase holte. Das *Leechbook* kennt mindestens fünf Behandlungsmethoden. Im folgenden zwei davon:

Gegen Nasenbluten

Reibe die Nase innen mit Saft von Lauch ein ... Auch Löwenzahn ist gut gegen Nasenbluten: Du mußt ihn entzweibrechen und ihn unter die Nase halten, so daß der Geruch davon einziehen kann. (MS 136, 833)

Der Aderlaß, im rechten Maß angewendet, galt im Mittelalter als gutes Mittel gegen nahezu alle Leiden; es ist deswegen von Interesse, welche Kräuter man gebrauchte, um danach den Blutfluß zu stillen. Kräuter wurden auch eingesetzt, um übermäßigen Blutverlust bei der Menstruation oder bei Verletzungen zu verhindern.

Das *Leechbook* kennt für undramatische Leiden wie etwa Nasenbluten viele einfache Naturheilmittel. Aber das segensreichste Rezept in einer Zeit, da es keine Zentralheizung gab und man das Feuer über Nacht niederbrennen ließ, war vielleicht dieses:

Küchengeheimnisse des Mittelalters

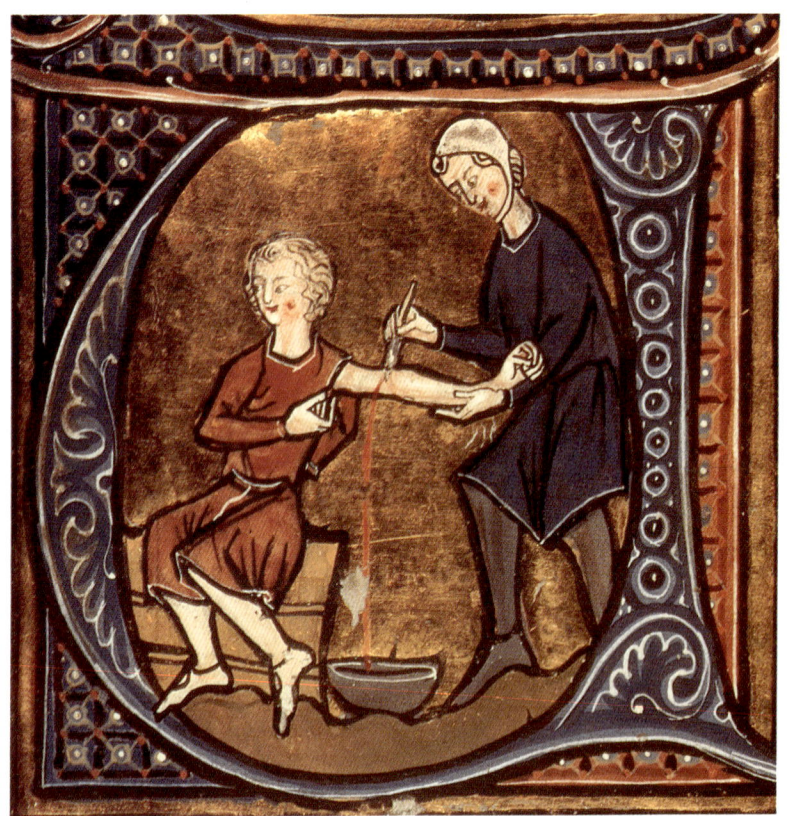

61. Der Aderlaß wurde als Allheilmittel angesehen.

Wie man sich vor der Kälte schützt. Siede Nesselsamen und Öl und salbe Füße und Hände damit, und es wird dich vor der Kälte bewahren. (MS 136, 236)

Ebenfalls für den Winter machte man Öl aus Nüssen und anderen Samen und konservierte darin in der Jahreszeit, in der die Blumen am süßesten dufteten und Heilkräuter am kräftigsten wirkten, die Essenzen dieser Pflanzen. Diese aromatischen Öle wurden teils in der Küche, teils zum Einreiben verwendet.

Mandelöl. Tu sie in heißes Wasser und blanchiere sie und zerstampfe sie und gib sie in einen Topf; und stelle ihn auf einen zweiten Topf mit kochendem Wasser, und der aufsteigende Dampf dringt dann in die Kerne oder die Mandeln ein.

Kräutermedizin und Hausmittel

62. Die allegorische Gestalt der Natur zeigt einem Liebenden eine Rose. Aus Rosen wurde heilkräftiges Öl zum Einreiben hergestellt. Der Duft muß betäubend gewesen sein.

Und das Öl gewinnt man, indem man die Masse durch ein Tuch drückt. Auf dieselbe Art kannst du mit Haselnüssen und Walnüssen verfahren. (MS 136, 669)

Rosenöl macht man aus Olivenöl und aus Rosen, die man zusammen dreißig oder vierzig Tage lang in einem Glasgefäß in der Sonne stehen läßt. Aber besser ist es, die Rosen und das Öl auf dem Feuer zu sieden. Und dann seiht man es durch und bewahrt es auf. (MS 136, 678)

Küchengeheimnisse des Mittelalters

Wie man Öl mit Salbei und Petersilie macht.
Siede sie in Olivenöl, bis es dick und grün ist. Und das ist gut
gegen Gelenkreißen und andere Schmerzen.
(MS 136, 670)

PETERSILIE

Zu guter Letzt ein eher allgemeiner Rat, der, wenn er auch vielleicht nicht das Patentrezept für »immerwährende Gesundheit« war, doch den Schlemmer vor allzu krassen Übertreibungen bewahren konnte:

Alle bitteren Dinge tun dem Magen wohl. Alle süßen Dinge schwächen ihn.
Gebratene Speisen sind trocken. Alle rohen Speisen reizen den Magen.
Wer in immerwährender Gesundheit leben will, muß achtgeben, daß er nicht
zuviel in seinen Magen hineinstopft, wenn es ihm schmeckt, und nichts
zu sich nimmt, wenn er es nicht nötig hat.
Und so wird er immer gesund bleiben. (MS 136, 1019)

BIBLIOGRAPHIE UND HANDSCHRIFTENSIGLEN

In der folgenden Liste sind die gedruckten Ausgaben der handschriftlichen Quellen aufgeführt, denen die in diesem Buch enthaltenen Rezepte entnommen sind, außerdem andere Werke, die mir bei meiner Arbeit von unschätzbarem Wert waren. Die Siglen, die im Text jeweils hinter den Originalrezepten stehen, bezeichnen die Handschriften, aus denen die Rezepte stammen. Sie sind in der Liste unter dem vollständigen Titel der jeweiligen gedruckten Ausgabe noch einmal aufgeführt.

Alte Rezeptsammlungen

The Goodman of Paris, englische Übersetzung von Eileen Power, George Routledge and Sons, 1928. MP.

A Leechbook or Collection of Medical Recipes of the Fifteenth Century. Text von MS 136 der Literary Society of London, hrsg. von Warren R. Dawson, Macmillan and Co. Ltd., 1934. MS 136: 236, 609, 669, 670, 678, 833, 907, 1019, 1061, 1069, 1071.

Two Fifteenth-Century Cookery Books. Harleian MS 279 und Harleian MS 4016 mit Auszügen aus Ashmole MS 1439, Laud MS 553 und Douce MS 55. Hrsg. von Thomas Austin, Oxford University Press, 1964 (Reprint). *Ashmole 1439*, S. 110; *Douce 55*, S. 116; *Harl. 279*, S. 31, 35, 40, 46, 50, 76, 85, 102; *Harl. 4016*, S. 72, 79, 101; *Laud. 553*, S. 114.

Mrs Groundes-Peaces's Old Cookery Notebooks. Versübertragung von Material aus dem *Liber Cure Cocorum*. Gesammelt von Zara Groundes-Peace, herausgegeben von Robin Howe, David and Charles for the International Wine and Food Publishing Company/Rainbird Reference Books 1971. *Mrs Groundes-Peaces's Old Cookery Notebook*.

Curye on Inglysch. Fünf handschriftliche Rezeptsammlungen des 14./15. Jahrhunderts. Hrsg. von Constance B. Hieatt und Sharon Butler, Oxford University Press, 1985. CI: I 56; III 26, 28, 33; IV 1, 2, 6, 18, 23, 24, 50, 53, 54, 68, 71, 82, 83, 85, 89, 103, 157, 188, 199.

An Ordinance of Pottage. Rezepte des 15. Jahrhunderts in MS Beinecke 163 der Yale University. Hrsg., kommentiert und modernen Erfordernissen angepaßt von Constance B. Hieatt, Prospect Books, 1988. OP: 29, 159.

Antiquitates Culinariae 1791. Revd. Richard Warner. Faksimile-Ausgabe, Prospect Books. Das Buch enthält neben Warners Vorwort u.a. *The Forme of Cury* und *Ancient Cookery*. FC. Antiq. Cul. 50.

Andere Quellen

The Babees Book: John Russell's Book of Nurture, hrsg. und mit Anmerkungen von F.J. Furnivall, Greenwood Press, 1969 (Reprint).

The Canterbury Tales (2 Bde), übersetzt von Nevill Coghill, Folio Society, 1956.

Andere nützliche Literatur

Buxton, Moira, *Medieval Cooking Today*, Kylin Press, 1983.

Sir Gawain and the Green Knight, übersetzt von Keith Harrison, Folio Society, 1983.

Henisch, Bridget Ann, *Fast and Feast: Food in Medieval Society*, Pennsylvania State University Press, 1976.

Hieatt, Constance B., und Butler, Sharon, *Pleyn Delit: Medieval Cookery for Modern Cooks*, University of Toronto Press, 1976.

Lafarge, M.W.A., *A Baronial Household of the Thirteenth Century*, Harvester Press, 1980.

Mathew, G., *The Court of Richard II.*, 1968.

Mead, W.E., *The English Medieval Feast*, George Allen & Unwin, 1967.

Myers, A.R., *England in the Middle Ages*, Penguin Books 1985 (Reprint).

The Paston Letters, hrsg. von Norman Davis, Clarendon Press, 1958.

Power, Eileen, *Medieval Women*, hrsg. von M.M. Postan, Cambridge University Press, 1984 (Reprint).

Stenton, D.M., *English Society in the Early Middle Ages*, Penguin Books, 1985 (Reprint).

Wilson, C. Anne, *Food and Drink in Britain*, Constable & Co., 1973.

BILDNACHWEISE

Die angegebenen Zahlen beziehen sich auf die Nummern der Abbildungen.

Archivi Alinari SpA, Florenz: 1; Bibliothèque Nationale, Paris: 3 (MS 01 fr. 616, f. 67), 40; The Bodleian Library, Oxford: 8 (Bodley 264, f. 170v), 13 (Canon Lit. 99, f. 16r); British Library, London: Frontispiz (MS 24098, f. 19v), 4 (Harleian 4425, f. 14), 7 (aus einer Zeichnung von Edward Blore, Add 42019, f. 95), 9 (Add 42130, f. 176v), 12 (Royal 18 D II, f. 148), 16 (IB 55242 bbIII), 20 (Royal 10 E IV, f. 222v), 21 (Sloane 2435, f. 44v), 24 (Add 42130, f. 16), 28 (Add 38126, f. 145v), 30 (MS 19720, f. 165), 32 (*Tacunium Sanitatis*), 34 (Harley 2838, f. 37), 36 (Royal E III, f. 36), 37 (Burney 275, f. 94), 38 (Add 34294, f. 138b), 39 (C31C7, Frontispiz), 41 und Umschlagbild vorne (Add 34294, f. 138b), 42 (Kings 24, f. 37), 45 (aus *Tacunium Sanitatis*), 46 (Harley 7026, f. 5v), 47 (Add 24098, f. 27v), 48 (IB 55242 bbIII), 50 (Royal 14 E IV, f. 284), 52 (Add 18850, f. 12), 54 (Add 42130, f. 208), 57 (Royal 15 E II, f. 77v), 59 (Royal 15 D I, f. 1), 60 (IB 55242 bbIII), 61 (Sloane 2435, f. 11v), 62 (Harley 4425, f. 36); City of Bristol Record Office (im Besitz des City Council): 22 (01250 (1)); British Museum, London: 53 (MLA 92,5-1,1); aus P. Drach, *Spiegel der Menschen Behaltniss*: 2; aus *Bubees Book*, Early English Text Society, 1868; 18 (aus Gregors *Moralia*, Latin 15675, f. 8v, Bibliotèque Nationale, Paris): 23; aus *Herbolario Volgare*, 1692: 56; Michael Holford: 5, 6, 10; Henry E. Huntigdon Library, San Morino, Kalifornien: 17 (British Library Faksimile Bd. 1, f. 51); Musée Condé, Chantilly: 44 (MS 65/1284, f. IV. Photo für Umschlagbild von Giraudon); Museo Civico Medievale, Bologna. Photo CNB&C: 29 (MS 641, f. 1r); Elizabeth Eames, gezeichnet von Rosemonde Nairac: 25, 51; Tapisserie in Nancy, Lorraine: 43; Österreichische Nationalbibliothek, Wien: 27 (Codex Vind. Series Nova 2644, f. 53); Visual Publications Ltd: 11; Kate Rogers: 14, 15, 19, 26, 31, 33, 35, 49, 55 und die Zeichnungen auf den Seiten 19, 30, 36, 39, 41, 43, 54, 63, 64, 72, 78, 106, 121, 138; Trinity College, Cambridge: 58 (MS 0.1.20, f. 165).

STICHWORTVERZEICHNIS FÜR DIE ALTEN REZEPTE

Brot
 Crouste rollée, Gebratene »Brote« 24
 Gerstenbrot 55
 Weißes Brot und Brötchen 37
Custard
 in Doucettes 96
 Lait lardé 107
Desserts
 Cerisye 78
 Doucettes 96
 Râpée 49
 Rosaie 109
 Tartelettes frittes 66
Feigen
 Râpée 49
 Tartelettes frittes 66
Fisch
 Hecht in Gelee 58
 Mortreux 74
 Saumon rôti en sauce 104
 Schellfisch en civet 60
Getreide/Pasta
 Blancmanger 45
 Grütze 23
 Losanges 90
Huhn
 Blancmanger 45
 in Buknade 101
 in Großen Pasteten 118
 Kapaun quittengelb 76
 Lombardische Hühnerpastetchen 47
 Pochiertes Geflügel und Speck mit »Preßsack« 94

Kirschen
 Cerisye 78
Kohl und anderes Grüngemüse
 Caboches en potage 72
 Gedünsteter Spinat 39
 Kräuter mit Mandelmilch 63
Lamm und Hammel
 Große Pasteten 118
 Mounchelet 30
 Spießchen 27
Lauch
 Lauch und Brotbrocken in Wein 57
 Porrée blanche 41
Pasteten/süßes Gebäck
 Doucettes 96
 Große Pasteten 118
 Lombardische Hühnerpastetchen 47
 Pilzpastetchen 82
 Tartelettes 92
 Tartelettes frittes 66
Potages
 Blancmanger 45
 Buknade 101
 Caboches en potage 72
 Mortreux 74
 Püree von Erbsen 87
Rindfleisch
 Geschmortes Rindfleisch 89
 in Großen Pasteten 118
 Steaks von Wild oder Rind 26
Sauer eingelegtes Gemüse
 Composte 80

Schweinefleisch
 Cormarye 116
 Pommes 106
 Tartelettes 92
Speck
 Pochiertes Geflügel und Speck mit »Preßsack« 94
Süßigkeiten
 Leche Lombarde 123
 Pain ragant 121
Wein
 in Cormarye 116
 in Saumon rôti en sauce 104
 Ypocras 120
Wild
 Aigredouce 28
 Braten von einem edlen Hirsch 114
 Faisan rôti 102
 Gegrillte Wachtel 32
 Große Pasteten 118
 Hase en civet 43
 Pfeffer für Kalbfleisch und Wild 115
 Steaks von Wild oder Rind 26

STICHWORTVERZEICHNIS

Aderlaß 135
Apotheker 19, 66, 127, 130
Arzt 19, 127, *127*
Babees Book, The 12, 86, 96;
   s. auch Russell, John
Bayeux, Tapisserien von 20, 21–22, *21*,
   22, 31, *31*, *32*, *33*
Biber 11
Bier, 13, 14, 18, 132, 134
   Gerstenbrot 55
   Schellfisch in feiner Soße 60
   Weißes Brot und Brötchen 37
Birnen
   Sauer eingelegtes Gemüse 80
Blähungen 19, 132, 134
Blätterteig
   Frittierte Feigenküchlein 66
   Schweinefleischröllchen 92
Brot 14, 22, 24, 36, 37–38, *38*, 71
   Gebratene »Brote« 24, *25*
   Gerstenbrot 55
   Hecht in Aspik 59
   Lauch und Brotbrocken in Wein 57
   Pfeffersoße zu Kalbfleisch und Wild 115
   Weißes Brot und Brötchen 37
Brotkrumen und Semmelbrösel
   Kaninchen süß-sauer 28
   Kapaun oder Hähnchen mit Eiern
      garniert 76
   Kirschpotage 76
   Lomardische Schnitten 123
   Pochiertes Geflügel und Speck mit
      »Preßsack« 94
   Schellfisch in feiner Soße 60
   Zuckerbrot mit Pinienkernen 121
Bürger von Paris, s. Ménagier de Paris 68–83
Chaucer, Geoffrey 9, 34–50, 54, 68, 71,
   127
Cidre
   Pochiertes Geflügel und Speck mit
      »Preßsack« 94
   Schellfisch in feiner Soße 60
Civet 62
   Hasenpfeffer 43
   Schellfisch in feiner Soße 60

Custard
   Gestockte Goldmilch 107
   Kuchen mit Sahnefüllung 96
Datteln 124
   Große Pastete 118
   Rosenpudding 109
Eber 112, 117
Eier, Kapaun oder Hähnchen, garniert
   mit 76
Erbsenpüree 87
Fasan, gebraten 102, *103*
Fasten 8, 9, 11, 16, 18–19, 51, 61, 111–
   112
Feigen 50
   Feigen- und Rosinen-Creme 49
   Frittierte Feigenküchlein 66
Fisch 61, 71
   Gebratener Lachs mit Weinsoße 104
   »Geteiltes« Fischmus 74
   Hecht in Gelee 58
   Kabeljau 74
   Schellfisch in feiner Soße 60
Fleischbällchen, geblümte 106
Forme of Cury, The 99
Geflügel, pochiertes 94
Gelatine 59
Gerste 130
   Gerstenbrot 55
Große Pastete 118
Grütze 22, 23
Hammel 30
Hase 36
   Hasenpfeffer 43
   Große Pastete 118
Hausmittel 125–138
Hefe
   Gerstenbrot 55
   Weißes Brot und Brötchen 37
Honig 52, 123
   Frittierte Feigenküchlein 66
   Gerstenbrot 55
   Lombardische Schnitten 123
   Sauer eingelegtes Gemüse 80
   Weißes Brot und Brötchen 37
   Zuckerbrot mit Pinienkernen 121

Huhn
   Buknade 101
   Große Pastete 118
   Huhn mit Reis und Mandeln 45
   Kapaun oder Hähnchen mit Eiern
      garniert 76
   Lombardische Hühnchenpastetchen 47
Innereien 45
Kalbfleisch 101
   Buknade 101
   Lamm- oder Hammeltopf 30
   Pfeffersoße zu Kalbfleisch oder
      Wild 115
Kaninchen 20, 29
   Große Pastete 118
   Kaninchen süß-sauer 28
Kapaun oder Hähnchen mit Eiern
   garniert 76
Karotten 80
   Sauer eingelegtes Gemüse 81
Käse 91
   Lasagne 90
   Pilzpastetchen 82
Kirschpotage 78, 79
Knoblauch 116
Kohl
   Kohleintopf 72
   Sauer eingelegtes Gemüse 80
Kolik 19, 131, 132, 134
Kopfschmerzen 19; s. auch Migräne
Korinthen
   Geblümte Fleischbällchen 106
   Geschmortes Rindfleisch 89
   Große Pastete 118
   Kaninchen süß-sauer 28
   Schweinefleischröllchen 92
Kräuter *passim*, 125–138
Kuchen mit Sahnefüllung 96
Lamm
   Lamm- oder Hammeltopf 30
   Lammspießchen 27
Lasagne 90
Leechbook 127, 134, 135
Lauch 135
   Goldgelber Lauch und Zwiebeln 41

Stichwortverzeichnis

Grüne Suppe mit Mandelmilch 63
Kohleintopf 72
Lauch und Brotbrocken in Wein 57
Leber 95
Schweineleber 43
Löwenzahn 135
Magen, verdorbener 19, 131, 132, 134, 135
Mandeln
Grüne Suppe mit Mandelmilch 63
Huhn mit Reis und Mandeln 45
Mandelmilch 63–65, 74, 96, 106, 109
Mandelöl 136
Marinade 26, 27, 114
Spießgebratene oder gegrillte Steaks 26
Markt 70, 71
Ménagier de Paris 9, 11, 26, 45, 68–83, 69, 127
Migräne 19, 130
Mürbteig
Große Pastete 118
Kuchen mit Sahnefüllung 96
Lombardische Hühnerpastetchen 47
Pilzpastetchen 82
Nasenbluten 135
Öl 136
mit Kräutern 136
Mandelöl 136
Nußöl 39, 128, 136
Olivenöl 39, 82–83, 137
mit Petersilie und Salbei 137
Rosenöl 137
Pastetchen
Lombardische Hühnerpastetchen 47
Pilzpastetchen 82–83
Pastete 36, 47
Große Pastete 118

Pflaumen, gedörrte
Pilzpastetchen 82, 83
Pinienkerne
Rosenpudding 109
Zuckerbrot mit Pinienkernen 121
Potage 22, 38, 42, 71, 72, 88, 132
Buknade 101
Erbsenpüree 87
Poudre douce 39, 41, 92–93
Poudre forte 66, 92
Prunkgerichte 16, 112
Reis und Mandel, Huhn mit 45
Rettich
Sauer eingelegtes Gemüse 80
Richard II., (1367–1399) 9, 18, 39, 98–110
Rindfleisch s. auch Steak
Geschmortes Rindfleisch 89
Große Pastete 118
Rosinen- und Feigen-Creme 49
Rüben, weiße
Sauer eingelegtes Gemüse 80
Russell, John 9, 12, 84–97; s. auch The Babees Book
Safran *passim*
Sahne
Kuchen mit Sahnefüllung 96
Rosenpudding 109
Sauer eingelegtes Gemüse 80
Schalotten
gegrillter Fasan 102
Schweinefleisch 31
Geblümte Schweinefleischbällchen 106
Gebratenes Schweinefleisch mit Würzwein 116
Schweinefleischröllchen 92

Soße
Gebratener Lachs mit Weinsoße 104
Pfeffersoße zu Kalbfleisch und Wild 115
Schellfisch in feiner Soße 60
Speck
Gebratener Fasan 102
Lombardische Hühnerpastetchen 47
Pochiertes Geflügel und Speck mit »Preßsack« 94
Spinat 39
Gedünsteter Spinat 39
Grüne Suppe mit Mandelmilch 63
Steak
Spießgebratene oder gegrillte Steaks 26
Suppe, s. auch Potage
Grüne Suppe mit Mandelmilch 63
Trappe 11
Truthahn
Lombardische Hühnerpastchen 47
Unterhaltung 16–18, 112
Verjus 26, 47–48
Wacholderbeeren 89
Wachtel, gegrillt 32
Wein *passim*
Würzwein 120
Gebratenes Schweinefleisch mit Würzwein 116
Weise Frau 19, 125
Wildenten 118
Wilhelm I. (der Eroberer, ca. 1027–1087) 20, 21, 22, 22
Würzsoßen 103
Würzwein 120
Zähne 128, 135
Zwiebeln
Goldgelber Lauch und Zwiebeln 41